社区建设丛书·智慧家长系列

家庭教育贵在有“度”

JIATING JIAOYU GUI ZAI YOU “DU”

马　良◎著

西南大学出版社
SWUP 国家一级出版社 全国百佳图书出版单位

图书在版编目(CIP)数据

家庭教育贵在有“度”/马良著. -- 重庆：西南师范大学出版社，2021.7

(智慧家长系列)

ISBN 978-7-5697-0982-7

Ⅰ.①家… Ⅱ.①马… Ⅲ.①家庭教育 Ⅳ.①G78

中国版本图书馆CIP数据核字(2021)第126980号

家庭教育贵在有“度”

马良 著

责任编辑：牛振宇

责任校对：张 丽

封面设计：李 懋

排 版：江礼群

出版发行：西南大学出版社(原西南师范大学出版社)

地址：重庆市北碚区天生路2号

邮编：400715 市场营销部电话：023-68868624

网址：http://www.xdcbs.com

经 销：新华书店

印 刷：重庆市国丰印务有限责任公司

幅面尺寸：170mm×240mm

印 张：14.25

字 数：270千字

版 次：2021年7月 第1版

印 次：2023年1月 第2次印刷

书 号：ISBN 978-7-5697-0982-7

定 价：45.00元

总 序

孩子的健康成长关系着千家万户的幸福，更关系着中华民族的未来和希望。家庭是一个孩子在从出生到走入社会的过程中重要的生活空间，是培养和教育孩子的重要园地。家庭教育是学校教育的重要延伸和必要补充，具有不可替代的特殊作用。

家长们在面对孩子时会遇到各种特殊情况和疑难问题，如何开展家庭教育、指引孩子健康成长，本丛书提供了一系列的“诊断”和建议。在编写过程中，编者们参阅了大量国内外家庭教育方面的经典案例，结合儿童和青少年的身心特点和成长规律，文字通俗易懂、生动形象，能让您在轻松快乐中感受、领悟、学习、借鉴，也能让您在实践应用中有所收获，与孩子一起成长、共同进步，共建和谐美满的爱心家园。

整套丛书选择了多个当下家庭教育和家庭关系处理中的热点问题，分别从“好父母好教育”“隔代教育艺术”“留守儿童教育”“单亲家庭教育”“青春期教育”“孩子关键期教育”“独生子女教育”“和谐家庭建设”等视角进行了研究，并提出了解决问题的办法和有益的借鉴，指出了改进教育的理念方法和有效措施，解答了家庭教育中普遍存在的突出问题，不仅形式上有所创新，内容上与时俱进，而且有较强的可读性，具有普遍的推广和指导价值。

通过此套丛书，我们由衷希望家长朋友们能全面系统、直截了当地认识到，家庭教育是建立在血缘亲情基础之上的教育，不同于学校教育，更不同于社会教育，有其自身的特殊性，在孩子的健康成长中起着不可替代的基础性和保障性的作用。然而现实中，有的家庭忽视了家庭教育，让孩子错失了很多本来很好的成长机会；有的家庭虽然重视家庭教育，但没有章法，不懂得必要的心理学和教育学知识，科学性不够。这两者显然都无法完整地实现家庭教育的功能。科学合理、充满善意、温暖和谐的家庭教育，往往决定了孩子的成人心智、成长水平、成才后劲和成功高度。为了我们共同倾注爱和关怀的下一代，为了我们共同期望的未来社会的栋梁之才，我们需要对家庭教育高度重视、不断反思、探索总结、终身学习。

家长朋友们，教育是一项极为复杂、没有常式的心灵事业，因为每个孩子和家庭的情况都有很多不一样的地方。因此，在具体的教育过程中，希望家长朋友们一定要因人而异、因势利导、顺势而为，针对不同的情况，适时更新教育理念，适时转变教育观念，选择正确、合理的教育方式，才能达到较为理想的教育效果。

世界上有许多事情可以等待、可以重来，唯独孩子的成长不能等待、不可重来。毫无疑问，家庭教育是一项极为神圣、永无止境的灵魂事业，让我们共同坚守、共同努力，倾注关爱和热情，提供氧分和空间，帮助引导孩子仁心向善、天天向上、扬帆向前、一生精彩，让您的家庭真正成为爱的港湾和心灵的家园！

丛书由廖桂芳教授担任总主编，由魏巍、邓杉、郑廷友三位副教授担任副总主编，由一线优秀教师联袂编写而成。系列丛书编写者中有大学生的人生导师，有中学班主任，有小学的辛勤园丁，还有教育培训机构的培训老师。我们通过讲故事、找问题、给对策和提建议的方式，和每一位家长一起来为孩子的成长寻找合理的方向和适当的道路。亲爱的家长们，没有哪一条路是最好的，也没有哪一种方法是通用的，但是我们的心却都一样——“放孩子们到宽阔光明的地方”。怀着这样的愿望，我们和您一起分享这套书，希望您的孩子有一个海阔天空的世界，伴着智慧和勇气，去跨越，去成长！

编者

前言

凡事皆有度，家庭教育尤其如此。

所谓“度”，指的是一定事物保持质和量的限度，它是和事物特定的质相统一的数量界限。任何事物都具有质和量两方面的规定性，都是质和量的统一体。任何度的两端都存在着极限或者界限，如果超出了这个范围，事物的性质就会发生变化。就像水在一个标准大气压下的凝固点是摄氏零度，沸点是摄氏一百度，摄氏零度到摄氏一百度是水保持液体状态的温度区间。极端的教育观念和行为，往往产生不好的结果，故此，父母有必要通过学习，做到家庭教育有“度”。

孩子的成长主要是受家庭教育环境和学校教育环境的影响，孩子最初性格、品格的塑造和习惯、素养的培养，主要来自家庭教育。父母是孩子的第一任老师，家庭是孩子的第一所学校。每个孩子最初来到这个世界的时候，并没有太大的区别，即使某个方面有差异，也可以通过后天教育弥补。有的父母可能忽略了这一点，把家庭教育的不足和失误归根于其他因素，而不从自身的教育上找原因。其实，真正的原因，恰好是父母对如何教育孩子缺乏真正的了解，没有把握好“度”。

家庭教育之难，难在教育实践过程中对“度”的把握。

家庭教育“有度”，是指父母的教育观念恰如其分，教育行为恰到好处。比如，家庭环境有温度、关爱有尺度、评价有准度、期望要适度等。只有遵循教育的客观规律和孩子的成长规律，讲究教育有度，对孩子的教育做到分寸得当，才会让孩子健康成长，家庭教育才能成功。

反之，家庭教育“失度”，就是父母的教育已突破或者达不到某一状态的临界点，造成了教育的无效或者产生负作用。比如说，宽容过度，成为纵容;关爱过度,成为溺爱;期望过度,造成失望等。显然,如果父母的教育做过了头,即使是满腔热情地去做,其结果不是画蛇添足,就是吃力不讨好、好心办坏事;同样,如果做得不够,浅尝辄止,孩子没有感受和接受到真正的教育,那么教育就成了形式。长此以往,父母望子成龙、盼女成凤的愿望就难以实现。

所以说,家庭教育有度,不是小技巧,而是大学问、大本事,它既是一门科学,也是一门艺术。父母对孩子的教育,一定要考虑孩子成长的主客观条件,因人制宜,因材施教,做到心中有“度”,在一个科学合理的区间内实施自己的教育行为。

那么,父母怎样才能把握好家庭教育的“度”呢？本书提供了以下几点建议。

其一,父母要有科学的家庭教育理念。

父母对家庭教育要有正确的认识,把引领孩子健康成长和教育孩子学会做人,当成家庭教育首要的、根本的任务。父母的个人愿望要符合孩子成长的规律、教育规律和社会发展规律。父母对孩子成长中的生理、心理特征的认知要有深度,教育之道,道在心灵,要把尊重孩子当作家庭教育的首要原则。父母要充分意识到孩子是祖国的未来和花朵,是家庭的希望,为了孩子未来的可持续发展,要帮助孩子形成独立的人格,优化孩子的个性,使孩子的生命潜能能够得到挖掘,帮助孩子树立远大的理想。

其二,父母要起好良好的示范榜样作用。

父母要想教育好孩子,首先自身一定要有亮度。父母的行为是无声的教育,在很大程度上影响着孩子的成长道路和发展轨迹,影响着孩子的人生观、世界观、价值观的形成。父母在家庭生活中,要有良好的思想品格、行为习惯、情感态度;要用自己的勤劳、坚忍、担当、宽容、自信、诚信等好品格、好习惯,以及工作中取得的好成绩,给孩子树立榜样;要用自己的人格魅力、幽默风趣的语言、广泛的兴趣爱好等来吸引孩子。父母特别要注意自己的情感态度。孩子对父母表现出来的态度,具有适应性、认知性。如果父母对孩子的态度是积极的,孩子就会被父母的情绪所感染,同样表现出一种积极乐观、自信的情绪和态度。父母在家庭教育中要规范自身的教育行为，不可以谩骂体罚、冷嘲热讽、威胁恐吓孩子。

其三，父母要营造适宜孩子健康成长的家庭环境。

家庭环境是孩子发芽、开花的第一块土壤，承载了太多的教育意义。父母要营造有温度的家庭环境。家庭教育的成功离不开一个充满温情的家庭环境，离不开孩子与父母及亲人相亲相爱、风雨同舟、同甘共苦、和睦相处。父母应多陪伴孩子，要在愉悦的、温暖的氛围中达到教育孩子的目的。父母在教育孩子的问题上要有共同的目标，在方法上互相配合，协调一致，形成家庭教育合力。父母要信任孩子，信任是家庭和睦的凝合剂，是孩子健康成长的阳光雨露，代表着父母对孩子的肯定和认可。父母还要设计和执行好家规、家风。家规，能帮助孩子控制、约束自身的行为，帮助孩子纠正一些不良习惯等，使自身的行为符合学校教育的要求和社会道德的规范；家风，具有长远的影响力和强大渗透力，它会影响到许多代后人的成长。

其四，父母要掌握建立亲子关系的教育艺术。

父母要遵循教育规律和教育原则，把好的教育情景艺术地融入家庭教育。父母要给予孩子生活、学习的自由，让孩子拥有一片蓝色的天空，但不能走极端，不能让孩子为所欲为。要把好关爱孩子的尺度，对待孩子要理性而不冷淡，感性而不情绪，严格而不严厉，这样才能真正体现父母的关爱。对待孩子的缺点和错误要有宽度，既不能过严，也不能过宽。对孩子的表现评价要有准度，既不能过高地褒扬孩子，让孩子产生好高骛远的想法，有自负、自恋的心态和行为，也不能过低地贬斥孩子，导致孩子自尊受损，出现自卑、冷漠等反应，甚至出现自暴自弃或逆反的行为。父母对孩子的期望要适度，“超标”和“低标”的期望都不利于孩子的发展。赏识孩子要有灵活度，要避免或减少赏识的盲目性和主观性，过度赏识是“捧杀”孩子，是骄傲自满、妄自尊大的催化剂。

其五，父母要观察了解孩子的个性。

世界上没有两个完全相同的孩子，每个孩子都是一道独一无二的风景。父母对自家孩子要有灵敏度，要善于倾听孩子的弦外之音，要善于因势利导，随机应变地处理各种意料之外的问题，要通过观察发现孩子的潜能，为孩子打开一扇窗。只有对孩子足够了解，父母才能做到心中有数，才能用适合的方法在适当的时候提醒和引导孩子。父母要从孩子的实际情况、个别差异出发，有的放矢地进行教育，让孩子扬长避短，获得最佳发展。父母不必强求孩子成为最优秀的人，要量体裁衣地培养孩子，让孩子在适度的期待中寻找到继续努力的动力，去创造更适合自己的人生，成为一个快乐幸福的人。父母要理性地发展孩子的个性，从小培养孩子形成良好的性格与习惯，对孩子的任性要加以教育和引导。

其六，父母要善于引导孩子健康成长。

孩子的成长中会遇到各种教育问题，父母的引导很重要。父母守望孩子的成长要有韧度、耐心、信心、恒心，既不可以急躁，也不能短视，要让孩子有经历和承受无数大大小小的失败或挫折的准备；要给孩子宝贵的磨炼机会，只有经得起各种环境考验的孩子，才能算是真正的强者；要让孩子的视野有广度，孩子的眼界影响孩子的境界，决定孩子未来的世界；要培养孩子良好的爱好和兴趣，只有具备广泛的兴趣爱好，孩子的生活才能丰富多彩；对孩子的交往行为要有关注，要鼓励孩子与人交往，尽可能地为孩子搭建交往的平台，尊重孩子的交往兴趣，积极关注孩子交往的情况，教给孩子交往的技巧；孩子进入青春期后，要尊重孩子与异性的交往，要及时发现并引导孩子解决交往过程中可能出现的矛盾，帮助孩子在矛盾中成长起来。

目录

目录

目录

目录

目录

目录

目录

给予孩子的挫折教育要有强度

满足孩子的要求要有限度

让孩子的视野有广度

对家庭教育的认识要有高度

这里的高度,是指父母要充分认识到家庭教育对孩子成长的意义。

在家庭教育中,父母要意识到,孩子是鲜活的生命体,是有思想和个性的。家庭教育很重要,不仅是基础性教育的基石,而且主导着其他的教育。父母要树立正确的教育观念,要把使孩子身心健康和学会做人,当作教育首要的、根本的任务。

在家庭教育中,不能把孩子当作自己的私有财产;不能让孩子成为满足父母的某种欲望的工具;不能迷信"黄金棍下出好人"的教育观。

◆孩子是鲜活的生命

"你已经是学生了,不要一天到晚就知道玩玩具了,把书拿出来读!"

"爸爸那时家里穷,经常要帮家里做事,所以没考上大学,你要争气,考上大学!"

"你看,别人家的孩子成绩多好!你怎么这么笨?"

"这次考得好,给老妈争了光,说,想吃什么,老妈给你煮。再努一把力,争取下学期考第一名。"

"喂,怎么这么磨蹭,这点事都办不好。怎么还没动手啊,真让我操心!"

"快点,今天上午先去少年宫学语言,再去学英语,中午我们在外面吃,下午去学美术,不能输在起跑线上!"

"别看电视了,把眼睛看坏了,只知道看看看,快去做作业,真是听不进人话!"

“有没有把书包整理好？有没有完成作业，自己想想，不要少做了，知道吗！”

“你怎么考这么差，看来不打不成才，晚上老子再找你算账！”

……

这些话语，在生活中时常听到。不知何时，孩子成了父母支配的物品，成了父母圆梦的工具，成了父母的面子，被父母随意差遣，似乎父母的话就是圣旨，只能服从。

“可怜天下父母心”，父母的愿望虽是美好的，有“望子成龙，盼女成凤”的追求，但有的父母观念不对、方法不好，没有认识到孩子是鲜活的生命。意识到“孩子是鲜活的生命”是父母进行良好家庭教育的前提。

孩子是父母生命的延续，也是爱情的结晶。孩子是联系夫妻之间感情的纽带，可以增进夫妻的感情。孩子是家庭的希望，可以为家庭增添幸福。

孩子是上帝送给父母最珍贵的“玩伴”。孩子既不是父母的附属品，也不是供父母任意摆弄的物件。家庭不是多了一件工具，而是多了一位知心的朋友。孩子的出生让父母的生活变得丰富，还可以调节家庭气氛，使家庭变得热闹，充满生气和温情。

孩子的人生不是父母的“杰作”，也不是父母的“翻版”，孩子应该有自己的道路。父母对孩子不能占有，不能让孩子完全按照自己的设计来行走，不能信奉“子从父命”，或者仅仅为了满足自己的某种欲望。父母只是孩子的引路人，在给孩子规划未来时，应顺其天性，顺其自然，不要逼着孩子去做力所不能及的事情。

世界上没有两片完全相同的叶子，没有完全相同的山川河流。同样孩子与孩子之间总是不同的，有性别的不同、性格的不同、高矮的不同、胖瘦的不同、成长环境的不同等，这些不同会影响孩子的个性和发展。作为父母要清楚地认识到孩子之间的差异，知晓自家孩子的个性特点，尊重孩子的个性成长需求。

纪伯伦说得好，你们的孩子并不是你们的孩子，他们是生命对自身的渴求的儿女。他们借你们而来，却不是因你们而来，尽管他们在你们身边，却并不属于你们。你们可以把你们的爱给予他们，却不能给予他们思想，因为他们有自己的思想。你们可以建造房舍荫蔽他们的身体，但不能遮盖他们的心灵，因为他们的心灵栖息于明日之屋，即使在梦中，你们也无缘造访。

◆家庭教育真的很重要

家，是人生的驿站，是生活的乐园，也是避风的港湾。

家，是一个充满亲情的地方，也是担负责任的地方。

家，是人的自然属性暴露最多的地方，也是彼此真诚相待的地方。

有家，有孩子，就有了家庭教育。

家庭教育，是指家长对孩子进行的思想和行为教育。家庭是孩子的第一课堂，也是终身的学堂；父母是孩子第一任老师，也是终身的老师。孩子上了小学、中学后，家庭教育既是学校教育的基础，又是学校教育的补充和延伸。著名心理专家郝滨老师曾说过，家庭教育是人生整个教育的基础和起点。家庭的特殊性，决定了家庭教育具有早期性、长久性、及时性、权威性、感染性的特点。

家庭教育不仅是基础性教育的基石，而且主导着其他的教育，是学校教育和社会教育不可代替的。家庭教育比学校教育更能塑造孩子的道德品行、行为习惯、文化品位和价值观念，是孩子健康成长的保证。

孩子是父母的镜子。父母正，孩子易行善；父母邪，孩子易行恶。父母民主，孩子才会生平等之心；父母独断，孩子才会生专行之念。父母仁慈，孩子博爱；父母暴戾，孩子残忍。孟母三迁、岳母刺字等，都说明父母的情感、价值、态度与孩子的一生息息相关，处处相连。

在美国，有两个家族都已繁衍了八代子孙。

一个家族的始祖是200年前康涅狄格州德高望重的著名哲学家嘉纳塞·爱德华。由于他重视子女的教育，并代代相传，在他的八代子孙中共出了1位副总统、1位外交官、13位大学院长、103位大学教授、60位医生、20多个议员……在长达两个世纪中,竟没有一人被关、被捕、被判刑。

而另一个家族的始祖是200前年纽约州的马克斯·莱克,他是个臭名昭著的赌棍加酒鬼,开设赌馆,对子女教育不闻不问。在他们八代子孙中有7个杀人犯、65个盗窃犯、324个乞丐,因狂饮夭亡或成为残疾者的多达400多人。

(贺桂金,《国学中的家》,有删改。)

这两个家族的八代家史说明,成功的家教造就成功的孩子,失败的家教造就失败的孩子。

父母是孩子走向成功的导师和助手,既要负责孩子的身体发育,又要负责孩子的心理发育;既要重视孩子的智力发育,又要重视孩子各方面能力的培养;既要教会孩子学习知识,又要教会孩子学会做人。很多孩子成功的基础和关键是有良好的家庭教育。

比尔·盖茨拥有多个“世界之最”。盖茨出生于1955年10月28日,他的父亲是西雅图的一名律师,母亲曾任中学教师、华盛顿大学的校务委员。

外祖母循循善诱的启蒙教育,父母不辞辛苦地为比尔·盖茨寻找适合他天分发展的社团与学校,都为他天赋的发展提供了肥沃的土壤、清新的空气。

盖茨三四岁时,母亲外出总是把他带在身边。当母亲在学校里向学生讲解西雅图的历史和博物馆的情况时,盖茨总是坐在全班最前面,尽管盖茨是个好动的孩子,但在教室里他表现得比其他学生还要专注、认真。

随着年龄的增长,父母把目光投向社会,积极为盖茨寻找属于他的空间。在一次活动中,盖茨要给班上准备一份报告。这篇报告几乎成了全家人的事,他的外祖母帮着弄封皮,连父亲也动手帮忙,家庭气氛很活跃。

小学毕业后,父母征求盖茨的意见,送他进了湖滨中学。在湖滨中学读书时,他常按自己的兴趣爱好来安排学习。

中学毕业后，盖茨的父母并没有像其他父母那样把孩子看作是自己的私产，必须让孩子来完成父母喜欢的事。经过冷静思考后，父母放弃了让儿子当律师的想法，让盖茨在喜欢的领域里自由发展。

后来，更大的难题摆在了盖茨的父母面前：盖茨要离开哈佛，放弃学业，与别人一起创办计算机公司。了解儿子秉性和志向的父母没有说什么。盖茨毅然离开了令亿万学子向往的哈佛大学，开始在软件领域大展鸿图。

1975年，比尔·盖茨正式创办微软公司，二十多年后，成为世界首富。

（《比尔·盖茨》，有删改。）

显然，比尔·盖茨的成功离不开家庭教育。家庭教育直接或者间接地影响着孩子人生目标的达成。可见，怎么评价家庭教育的重要性都不过分。

总之，家庭教育是父母的职责和义务，要使家庭教育成为滋润孩子心田的不竭之泉，父母就需要了解家庭教育的奥秘，找到适合自家孩子的教育方法，把握教育的情景，挖掘孩子的潜力，调动孩子的积极性，引导孩子走向美好的未来。由此可见，家庭教育真的很重要。

◆树立正确的家庭教育观念

父母的家庭教育观念，直接影响和决定孩子的基本素养和发展方向。随着知识、信息时代的到来，家庭教育也被提到前所未有的高度，许多父母把大部分甚至全部的精力、财力都倾注在孩子身上，“望子成龙、望女成凤”成了父母最大的愿望。

虽然愿望是美好的，但现实却总是残酷的。父母如果没有一个正确的教育观念，对孩子有些方面关注过度，而有些方面关注又严重不足，或者存在功利化教育观念，这样教育出来的孩子，可能不会令人满意。

有的父母过分地满足孩子的需要。把孩子当作“掌上明珠”，对孩子的物质要求有求必应，甚至在家庭经济条件不允许的情况下，也想方设法满足其物质的需求。结果，孩子的贪婪之心逐渐滋生起来，对物质的需求越来越高，以自我为中心的意识恶性膨胀，导致了孩子成长的扭曲。

有的父母过多地干涉孩子的活动，或对孩子的事过多包办代替。教育家马卡连柯说过一段经典的话：“一切都给孩子，牺牲一切，甚至牺牲自己的幸福，这是父母给孩子的最可怕的礼物。”

有的父母过少地关注孩子的非智力因素。一味想让孩子不要输在起跑线上，一味攀比跟风教育，而不去照顾孩子爱玩的天性，不去观照孩子的思想道德，这样做会忽视孩子的自尊心、自信心、意志力、创新力等非智力因素，不利于孩子的发展。

有的父母过度地刺激孩子的智力。在注重发展孩子的素养、特长时，忽略循序渐进、因材施教的教育规律，盲目地给孩子报多个学习班，这样，沉重的学业压得孩子喘不过气来，结果可能学而无效，学而成害。

有的父母迷信“打”孩子的作用。挨打，对于有些孩子来说，是家常便饭，特别是在农村和教育欠发达地区。其实，经常挨打的孩子，自尊心受到了伤害，极容易走上自暴自弃、破罐子破摔之路。另外，孩子在家里挨打，到外面可能会用暴力解决问题，尤其是对待比自己弱小的孩子。

故此，父母树立正确的教育观念非常必要。

父母要明白，世上没有完美的孩子，父母需要按照科学的方法去教育引导孩子；世上也没有完美的父母，父母教育孩子需要多学习、多反思，不断改进和完善教育观念和行为。不仅孩子需要接受教育，父母也需要接受教育。

提起居里夫人，浮现在人们脑海中的往往是一位穿着黑色长裙、目光坚毅的科学伟人形象。其实，她还是一位伟大的教育实践家，一位有正确家庭教育观念的伟大母亲。

1906年4月19日，皮埃尔·居里遭遇车祸英年早逝，此时他们的大女儿伊雷娜刚9岁，小女儿艾芙才2岁。居里夫人忍住悲痛，坚强地承担起丈夫的未竟事业和教育孩子的重担。

居里夫人的两个女儿走向了两种截然不同的人生，一个摘取了科学界的桂冠，另一个在艺术之河里遨游，这些成就的取得，与居里夫人对她们的教育观念和教育方式密不可分。

居里夫人认为丈夫没有成为某所学校的一名优秀学生倒是值得庆幸的，他所接受的非正式教育正适合他个人的特性，因为皮埃尔喜欢幻想，不能适应那种程序化的学校教育，只有因材施教才会在将来有大的发展。这种观念直接影响到居里夫人对两个女儿的教育。

女儿伊雷娜12岁时就已经显示出较强的推理能力。居里夫人发觉她喜欢科学，智力和反应方面像她的父亲，于是就创造很多机会，让她接触实验操作。从17岁开始，伊雷娜就成为居里夫人的得力助手。

女儿艾芙活泼聪明，具有非凡的音乐天分。居里夫人在实行教育时，并没有一刀切，她认为艾芙当时年龄还小，最重要的是健康，多做户外活动，进行适当的启蒙教育就好。

（《居里夫人文选》，有删改。）

要正确地实施家庭教育，就必须努力学习家庭教育的相关知识，学习家庭教育成功的经验，从根本上转变自己家庭教育的观念。

那么，父母要有哪些正确的家庭教育观念呢？

1.父母要有家庭教育的责任感。身为人父人母，要有高度的教育责任感，努力完成好抚养教育孩子这项长期而艰巨的任务。父母要尽职尽责去关心孩子的生活、学习，去关注孩子成长中的喜怒哀乐，去了解孩子的成长规律。要尽可能在陪伴和教育孩子方面多花时间和精力，绝不借口工作忙而对孩子放任自流、不闻不问。

2.父母要树立家庭教育的民主意识。父母应该重视孩子的独立性，理性地分析自己孩子的实际情况，真正把孩子当成家庭的一份子，尊重孩子的人格，给孩子自由接触生活和发表言论的机会和权利，保证孩子在家里的平等地位。要尽可能地在家庭中形成民主氛围，杜绝对孩子的自尊造成损害，同时，要做到对孩子不娇惯、不迁就。

3.父母要有家庭教育的知识。无论父母文化水平高低，都应该努力学习和积累有关家庭教育的知识，比如孩子身体成长发育的生理学、心理学、教育学、营养学、健康学的知识，并且了解新时代孩子的特征。有了这些知识，并遵循科学规律教育孩子，才能培养出优秀的孩子。

4.父母要懂得家庭教育的方式方法。教育方式是父母在教育孩子的过程中表现出来的一种相对稳定的行为方式，它对孩子发展的影响最为直接。父母要摒弃那些溺爱娇惯式、过分干涉式、严厉处罚式等教育方式，而应该采取理解宽容式、民主自由式、欣赏信任式等教育方式。

5.父母要构建良好的亲子关系。孩子在成长过程难免会产生苦恼、烦闷等情绪，父母要学会与孩子交流沟通，和孩子做朋友，尽可能了解孩子的心灵世界，理解孩子的成长感受，特别要关注孩子学习、生活中的困难、烦恼，帮助孩子健康成长。

总之，父母必须了解孩子成长的规律，树立正确的家庭教育观念，掌握家庭教育的方式方法，把握好家庭教育的度，唯有如此，才能让孩子健康成长，从而获得家庭教育的成功。

◆家庭教育要教会孩子做人

父母教育孩子学会做人，是家庭教育首要的、根本的任务。

“先做人，后做事”“先做人，后成才”“先做人，后成功”，父母要把教孩子做人的教育放在做事、成才、成功之前，要高度重视对孩子进行道德品质的教育、法律意识的引导、行为习惯的养成和社会责任感的培养。李嘉诚教育子女的一条根本原则是：教导子女时百分之九十九应该教给他们做人的道理，即使现在他们长大了，也应该是三分之二教他们如何做人，三分之一教如何做生意。

所以说，孩子的一生是学做人的一生，教会孩子做人才是家庭教育的成功。

现在，许多家长重智育而轻德育，或者重体育而轻德育，这样教育出来的孩子，缺乏爱心，心中只有自己，没有他人，对父母无孝心，对同伴缺少诚心，对给予自己帮助的人缺少感恩心，对需要帮助的人缺少同情心，对与自己有不同见解或观点的人缺少宽容心，对自己、对家庭、对社会缺少责任心。这样的孩子既不是祖国的未来，也不会给家庭带来幸福。

父母是孩子最好的老师,家庭教育对于孩子性格及人格的培养具有不可代替的地位及作用。作为父母要反思自己的教育行为,是否把做人的教育当作首要任务。教育家洛克说过:把子女的幸福奠定在德行与良好的教养上面,那才是唯一可靠和保险的办法。

那么,父母要教育孩子做一个怎样的人呢?

1.父母要教育孩子做一个有爱心的人。只要有爱,世界就会美好,家庭就会变得美好。爱心教育的内容相当广泛,既包括爱父母、爱家人、爱长辈、爱老师、爱同学、爱身边的人的教育,也包括爱家庭、爱集体、爱环境、爱祖国、爱人民的教育。父母应当以孝心、感恩心、同情心教育作为切入点,从培养孩子感恩父母、感激给予自己关爱的人、帮助需要得到帮助的人做起,培育孩子做一个富有爱心的人。

2.父母要教育孩子做一个大度的人。“将军额上能跑马,宰相肚里能撑船”讲的是要做有宽广胸怀的人。“不责人小过,不发人阴私,不念人旧恶。三者可以养德,亦可以远害。”讲的是要做有雅量的人。要想成才,不仅需要理想、努力,还需宽容大度。父母要引导孩子从小学会包容玩伴、同学。要让孩子明白,只有心胸宽阔,做到包容大度,才会减少学习、生活中的烦忧,路才会越走越宽广。

3.父母要教育孩子做一个乐观向上的人。乐观向上是一种积极的心理状态,一种充满自信的生活态度。父母要让孩子懂得,乐观向上是一种积极进取、持之以恒、迎难而进、永不言败的精神和自尊自爱、自信自强的品质,这种精神和品质的形成对于孩子现在和将来营造和谐的人际关系,实现个人理想,拥有幸福感,都具有十分重要的意义。

4.父母要教育孩子做一个有担当的人。教育孩子做一个勇于负责的人,培养孩子对自己、对他人、对家庭、对集体、对社会的责任感。孩子作为家庭的一员,要孝敬长辈、勤俭节约、生活自理、承担家务、关爱家庭;作为班级、学校的一员,应当勤奋学习、全面发展、爱护集体、团结同学、维护集体荣誉、参与班级和学校的民主管理;作为社区、社会的一员,应当遵守社会公德、维护社会秩序、承担社会义务、参与社会公益活动、爱护环境。

还有，父母又如何教育孩子学会做人呢？

父母应当坚持以“示范”为前提，以“尊重”为关键，以“说服”为基础，引导和督促孩子学会做人。

1. 父母要给孩子做示范，让孩子在潜移默化中学会做人。父母的思想品德、个性品质、知识经验、智慧才能、情感意志等都直接影响着孩子的健康成长。父母要注意提高自身修养，以身作则、以身示范。

2. 父母要与孩子进行有效沟通，让孩子在明白道理后学会做人。父母要把孩子当成一个独立的平等的个体，遇事要与孩子商量沟通。如果孩子的想法确实不对，父母要与孩子摆出事实，讲明道理，说服孩子，让孩子心甘情愿地改变。

3. 父母要尊重孩子的想法，让孩子有表达情感和意见的机会。尊重是成人和孩子都需要的，无论是在生活中，还是学习上父母都要尊重孩子，给孩子表达自己观点的机会，耐心地倾听孩子的观点，尊重孩子的选择和决定，不要把自己的观点强加给孩子。

4. 父母要与孩子一起活动，让孩子在自然情景中学会做人。人的品格往往是在平日的生活和活动中形成的。父母要创造良好的教育条件和环境，在活动中去培养学生的良好品行。要尽可能多地与孩子一起做游戏、进行体育锻炼、参加社区活动、旅游等，让孩子在自然情景中获得情感体验。

5. 父母要带领孩子阅读，让孩子在阅读思考中学会做人。“一个人的阅读史，就是他的精神发育史”，这句话充分说明了阅读对于个人成长的重要作用。如果一个孩子喜欢阅读，就会从书籍中得到心灵的慰藉，从书籍中寻找生活的榜样，从书籍中净化自己的心灵，从书籍中获得人生的坐标。

6. 父母要带领孩子走近榜样，让孩子在真实形象激励下学会做人。预测一个少年的未来，有一个非常简单的方法，就是看他最喜欢的人是谁。当一个孩子在心目中树立了崇拜的榜样，他就可以找到自己与榜样的差距，通过榜样给自己前进的力量，给自己克服困难的勇气。

对自家孩子的认知要有深度

这里的深度，是指父母对孩子生理、心理特征要有了解，要知道孩子想些什么、有什么要求等。

在家庭教育中，要结合孩子所处的年龄阶段，来看待孩子的言行表现，并有针对性地给以引导和教育。教育之道，道在心灵。每个孩子内心都有一扇门，只有找到进入孩子内心的那把钥匙，奇迹才会发生。

在家庭教育中，父母要把尊重孩子当作家庭教育的首要原则。只有尊重孩子，才能让孩子产生良好的自我感觉和积极主动的心态。孩子只有在享受尊重的同时，才会自觉、自信、自强、自立。

◆了解孩子各个时期的生理特征

孩子的生长发育过程是一个由量变到质变的复杂过程，其实质是人体细胞不断分裂、更新、增长的过程。不同月龄和年龄的孩子具有不同的生理特征。

1. 新生儿期。出生至满28天内为新生儿期。这一时期孩子脱离母体开始独立生活，内外环境发生巨大变化，但其生理调节和适应能力不够成熟，易发生各种问题，如体温不升、体重下降、各种疾病等。根据这些特点，新生儿期保健应特别强调护理，应定期进行访视，坚持母乳喂养，做好疾病的预防和治疗，以降低新生儿的发病率和死亡率。

2. 婴儿期。28天至满1周岁为婴儿期。这一时期孩子生长发育最快，所需的能量和蛋白质比成人相对高，因此提倡母乳喂养，合理的营养对孩子十分重要。婴儿期抗病能力较弱，易患传染性和感染性疾病，需要有计划地接受预防接种，完成基础免疫程序，并重视卫生习惯的培养和注意消毒隔离。3个月查体一次。

3.幼儿期。1—3岁为幼儿期。这一时期孩子的语言、思维、动作、神经发育较快，要根据其特点有目的、有计划地进行早期教育，培养幼儿良好的卫生习惯。要加强断奶后的营养，注意小儿口腔卫生，继续做好计划免疫接种和常见病、多发病、传染病的防治工作。半年查体一次。

4.学龄前期。3—6岁为学龄前期。这一时期孩子体格生长较以前缓慢，而智力发育更趋完善，求知欲强，能做较复杂的动作，会照顾自己，语言和思维进一步发展。应根据这个时期孩子具有高度可塑性的特点，从小培养孩子优良的品质，使其养成良好的卫生、学习和劳动习惯，为入学做好准备。学龄前期孩子与外界环境的接触日益加多，故意外事故较多，应做好安全预防、保健工作。每年查体一次。

5.学龄期。6—12岁为学龄期。这时期孩子体格稳步增长，大脑皮层功能更加发达，对一些事物具有一定的理解能力。这个时期孩子的发病率较之前低，但要注意预防孩子近视眼和龋齿。要端正孩子坐、立、行姿势，为其安排有规律的生活、学习和锻炼，保证充足的营养和休息，注意情绪和行为变化，避免思想过度紧张。每2年查体一次。

6.青春期。12—18岁为青春期。这时期孩子个体差异较大，可相差2—4岁。孩子体重、身高增长幅度加大，第二性征逐渐明显，生殖器官迅速发育，趋向成熟，女孩子出现月经，男孩子出现遗精。一方面由于神经内分泌调节不够稳定，常引起孩子心理、行为、精神方面的不稳定；另一方面由于接触社会增多，受外界影响越来越大。

总之，父母一定要了解孩子不同时期的生理特征，对孩子表现出来的状况，要做到心中有数，教育有度。

◆了解孩子各个时期的心理特征

孩子的心理发展是一个动态变化的过程。人的一生，在不同时期，会呈现出不同的矛盾，这些矛盾的产生和解决，不仅推动了心理发展，还形成了不同时期的心理特征,这些不同的心理特征就构成了心理发展的不同阶段。家庭教育要根据心理矛盾的特点,对孩子进行科学有效的引导。

一般将个体出生至青年这一时期,分为六个阶段。

1.婴儿期(0—1.5岁):基本信任和不信任的心理冲突。此时不要认为婴儿是一个不懂事的“小动物”,只要吃饱不哭就行。其实,此时是基本信任和不信任的心理冲突期,因为这期间孩子开始认识人了,当孩子哭时,外界的回应对他们来说至关重要。父母的出现是儿童建立信任感的重要环节,具有信任感的儿童敢于想象,有理想,具有强烈的未来定向。

2.儿童期(1.5—3岁):自主与害羞、怀疑的冲突。这时期儿童掌握了大量的技能,能爬、能走、能说等,更重要的是儿童开始有意识地决定做什么或不做什么。这时候父母与孩子的冲突很激烈,也就是第一个反抗期的出现。一方面父母必须承担起控制孩子的行为,使之符合社会规范的任务;另一方面孩子开始有自主感,有自己进食、排泄的方式。父母要培养孩子养成良好习惯,孩子就会有反抗外界控制的行为,而这时期父母不能听之任之、放任自流。

3.学龄初期(3—5岁):主动对内疚的冲突。这时期,如果儿童表现出的主动探究行为受到鼓励,儿童就会形成主动性,这为孩子将来成为一个有责任感、有创造力的人奠定了基础。反之,儿童就会逐渐失去自信心,更倾向于生活在别人为他安排好的狭窄圈子里,缺乏自己开创幸福生活的主动性。

4.学龄期(6—12岁):勤奋对自卑的冲突。这时期,儿童都应在学校接受教育。学校是训练儿童适应社会,掌握今后生活所必需的知识和技能的地方。如果能顺利完成学习课程,那么孩子在今后的独立生活和承担任务中就会充满信心。另外,要引导儿童不要过分看重自己的态度,要尊重他人的意见和态度。

5.青春期(12—18岁):自我形象和角色混乱冲突。一方面是青少年本能的冲动带来的问题;另一方面是青少年面临新的社会要求和社会的冲突而感到困扰和混乱。所以,青少年期的主要任务是建立一个新的形象或自己在别人眼中的形象,以及找准他在社会集体中所扮演的角色。

6.成年早期(18—25岁):亲密和孤独的冲突。只有具有牢固的自我认识的青年人,才敢于承担与他人发生亲密关系的风险。与他人发生亲密关系,就是把自己的意志与他人的意志调和一体,这里有自我牺牲或损失,只有这样才能在恋爱中建立真正亲密无间的关系,从而获得亲密感,否则将产生孤独感。

总之,父母一定要掌握不同时期的孩子的心理特征,针对孩子的行为表现,给以科学合理的引导,避免教育的盲目性。

◆读懂孩子美丽的心灵

父母要教育好孩子,就要了解、认知孩子。要走进孩子的世界,读懂孩子美丽的心灵。教育之道,道在心灵。

孩子的心灵是一个丰富多彩的世界,这个世界与成年人有很大的不同。父母也只有走进孩子的内心世界,读懂孩子美丽的心灵,积极引导孩子的人生观、价值观,才是改变“近在咫尺,远在天涯”的局面的关键。

1.父母要学会倾听孩子的心声。作为负责任的父母,首先要做到的是走进孩子的世界,倾听孩子的心声,了解孩子的真正心思。

有一位著名的节目主持人,在一个谈话节目中设置了这样一个情景:一架飞机满载乘客,飞行途中没油了,可飞机上只有一个降落伞,他问参与做节目的孩子,你看这伞给谁用?孩子几乎不假思索回答:“给我自己用。”这时,台下一片骚动,很多观众想:多么自私的孩子啊!

可是主持人没有急于下定义,而是蹲下来,耐心地问孩子:“为什么呢?”孩子满脸泪水,清晰地说道:“我要跳下去,找到油后,回来救飞机上所有的人。”

(文雯著,《改变孩子,先改变自己 做温和而坚定的零吼叫父母》,有删改。)

这个故事告诉父母，要学会倾听孩子的心声。倾听是父母和孩子心与心的对话，情与情的交流。倾听是父母对孩子的尊重与悦纳、鼓励与赞赏。学会倾听，是父母的一种修养、一种责任、一种追求、一门教育艺术。

2.父母要学会呵护孩子的心灵。在孩子的成长过程中，一定有做错事情、损坏东西、违反规则、不听父母话、遇到困难等一系列成长挫折和违背父母意志的时候。父母作为孩子的第一任老师，一定要放下架子，认真地从孩子的视角入手，帮助孩子分析问题，找出原因，制订改正措施，与孩子一起克服困难，陪伴孩子一起成长。

“我”和万芳是好朋友。一天，万芳到“我”家来玩。“我”见她特别喜欢桌上的羚羊，就拿起来递到她的手上说：“送给你，咱俩永远是好朋友！”她也挺激动，从兜里掏出一把弯弯的小藏刀送给“我”。

后来，爸爸和妈妈知道后，逼“我”反悔向万芳要回羚羊木雕。

（张福，《雁岭书韵 语文 五年级》，有删改。）

父母发现孩子将木雕送给好友后，应该尊重孩子的自主权，呵护孩子的心灵。尽管舍不得，宁可家里受点损失，也不能逼孩子去要回来，不能让孩子的心灵受损伤。孩子的心灵尽管幼稚，但是不能粗暴地伤害。孩子的心灵比任何贵重的东西更加贵重。父母要回了贵重的“物”，却损失了孩子贵重的“心”。著名教育家苏霍姆林斯基曾经说过：“要像呵护荷叶上晶莹脆弱的露珠一样呵护孩子的心灵。”

3.父母要学会理解孩子的想法。孩子有自己独特的观察世界、处理问题的角度和方法，因此，父母与孩子之间有不同的要求、不同的观点是很正常的。父母要定期与孩子相互交流，在平等、民主的前提下，倾听孩子说话，理解孩子的想法。

有个妈妈在厨房洗碗，她听到小孩在后院蹦蹦跳跳玩耍的声音，便对他喊道：“孩子，你在干吗？”

小孩认真地回答：“妈妈，我要跳到月球上！”

这位妈妈没有给孩子泼冷水，或嘲笑孩子，而是郑重地说：“好啊，但是你跳到月球上去后不要忘记回来啊！”

这个小孩后来成为第一位登陆月球的人，他就是阿姆斯特朗。

（梅昌娅《高效学习趣味法》，有删改。）

阿姆斯特朗的母亲从孩子的行为和话语中读懂了其美丽的内心世界,并给予孩子支持和鼓励的态度,这为阿姆斯特朗最后真的登月成功奠定了坚实的基础。孩子的想法往往带有孩子个人经验、个人感情色彩,这种想法并不一定符合成人的思维规律和事实,但对孩子来说却是很重要的。

4.父母要学会站在孩子的角度思考。父母在处理问题的时候,应该尽量站在孩子的角度,体会孩子的情感。父母不要总想着如何维护自己的绝对权威,不要把孩子当成自己的私有财产,要把孩子当成有思想、有喜好的独立人。

有位小男孩正在专心致志地用积木盖房子。一层,又一层,孩子花了好长时间,终于搭好了一座漂亮的房子。可是,这座房子搭建在客厅沙发前的茶几上,快要搭好的时候,他爸爸一边说:"哎,儿子,你怎么把积木搭在这里啊?等下客人要来呀!"一边就顺手把积木房子弄塌了,要求孩子把玩具搬到自己的房间去玩。

这时,小男孩很生气,大声喊起来,"你干嘛?快把我的房子搭起。"搞得父母不知所措。

(引自:http://www.ci123.com/article.php/48356,2021-6-2,有删改。)

搭积木在大人眼里是小事,但在孩子的眼里可能比建造一栋大楼还重要。孩子有一套自己的认识系统,作为父母如果想与孩子建立亲密的亲子关系,就必须站在孩子的角度看问题,这样才能与孩子达成共识。

◆尊重孩子是家庭教育的首要原则

孩子的成长需要父母的尊重,不是说凡事都要顺着孩子,凡事都要由着孩子的性子来,而是应该顺应孩子个性发展,尊重孩子的爱好和想法,尊重孩子发表自己的观点和见解,尊重孩子的隐私和秘密,尊重孩子的人格和尊严。

有一天晚上,小刚正在房间里写日记,听到有人敲门,"是妈妈,我可以进来吗?""请进!"小刚一边答应,一边把日记本合起来。

原来妈妈给他送来一盘削好的水果。“又在写日记啊?”妈妈问道。“是啊,你可不能偷看哦!”小刚“警告”妈妈。

“好,妈妈不看。其实妈妈小时候也像你一样,不光要写日记,还要拿个小锁把日记本锁住,生怕别人偷看了我的日记。”妈妈一边抚摸着小刚的头发,一边说道。

“那有人偷看过你的日记吗?”小刚好奇地问妈妈。“没有,他们看我日记本上有锁,就知道我不希望别人看我的日记。”妈妈回答后,看了看小刚,笑着说:“想想那时候挺好玩的,一把小锁,仿佛锁住了自己的快乐,呵呵。”

“我的日记里也有好多快乐。”小刚对妈妈说。“我知道,其实妈妈很希望能分享你的快乐,也包括忧愁。不过妈妈会尊重你的意愿,不会偷看你的日记的!”妈妈真诚地说。“既然妈妈这么说,我倒愿意和你一起分享我的日记。”小刚对妈妈说。

尊重孩子体现在日常生活的点滴之中,稍有不注意,就可能伤害孩子敏感的自尊。小刚妈妈既尊重了小刚的隐私,又得到了小刚的信任。

那么,怎么才能做好对孩子的尊重呢?

首先,父母在思想上要改变观念,做好“四个要”。

1.要把孩子当作家庭中平等的成员。一是父母必须明白孩子是一个独立的个体,不是父母的附属品,更不是可以任意摆弄的“玩意儿”;二是要学会做孩子的朋友,多参与孩子的活动,多陪伴孩子;三是要注意自己的言谈举止给孩子的感受,从一个简单的动作表情到教育的方式方法都要体现出对孩子的在乎和尊重。

2.要从实际出发对孩子提出合理的期望。孩子的人生不应是父母的“杰作”,也不应是父母的“翻版”,孩子应该有自己的人生道路。父母在给孩子规划未来时,应顺其天性、由其自然,重视孩子的素质教育,不要逼着孩子去做力所不能及的事情,不要强迫孩子一定要达到什么样的目标,或成为“最优秀的人”。

3.要学会控制自己的情感、情绪。父母关爱、教育孩子,天经地义,但要把好度。关爱,不能对孩子百依百顺、包办代替;教育,不能一味地打骂、唠叨不停。任何事情，一旦过了度，就会物极必反。面对孩子，父母应有自控意识，保持理性和清醒的头脑，情绪的发泄要有度。

4. 要敢于向孩子承认错误。向孩子认错，对有的父母来说是难以启齿的事情，这是因为在父母心里，孩子是弱小的和依附父母的，是不能和大人平等的，如果这样，那尊重孩子就是空谈。父母向孩子认错不仅不会影响自己的威信，反而会赢得孩子的尊敬。另外，如果父母能向孩子说一声"对不起"，不仅可以帮助孩子建立自尊，还可以培养孩子尊重他人的好习惯。

其次，父母在行为上要做到对孩子的尊重，做好"六个尊重"。

1. 尊重孩子的人格。父母要正视孩子的存在，理解孩子的愿望，肯定孩子的努力，赞赏孩子的成绩，并给予孩子合法的权利。对孩子的错误或失败，不能冷嘲热讽，更不能打骂，要循循善诱地讲道理，提高孩子的认知和判别是非的能力。

2. 尊重孩子的需求。孩子的需求表现在学习、交往、物质、情感等多方面。只要孩子的需求是合理的，父母就应该尽量满足，特别是情感上的需求。如果孩子希望父母能坐下来，和自己一起分享成功或者快乐，那么父母不管有多忙，都不能推辞。

3. 尊重孩子的兴趣。不管是哪些方面的兴趣，只要是正当的，父母都应给予鼓励和支持。培养孩子的兴趣，有利于培养孩子对某一件事的专注精神，寻求生活或学习乐趣。父母不要贬低孩子的兴趣，更不能将自己的兴趣和爱好强加给孩子。

4. 尊重孩子的创造。在孩子的成长过程中，孩子的"创造"往往带有"破坏性"，父母要学会尊重和理解。要有意识地培养孩子的求异思维、发散思维和逆向思维，鼓励孩子与众不同、标新立异和突发奇想之处，少对孩子说"不要""不许"，要适度地欣赏孩子的"玩耍""淘气"。

5. 尊重孩子的意愿。父母要允许孩子根据自己的意愿进行选择，鼓励孩子自己做一些决策。父母应该倾听孩子的诉说，理解孩子的想法，在孩子表达自己的意愿时，给予积极的赏识和尊重。涉及孩子的事情，在做决定之前，不妨先听听孩子的意愿，尊重孩子的选择，在尊重孩子的基础上给予必要的引导。

6.尊重孩子的自由。孩子都喜欢玩耍，只要无碍孩子的健康、安全和他人利益，父母都可以给孩子自由的时间和空间，让孩子尽情探索、自主选择、自主学习、自由生活、自由创造。当然，尊重孩子的自由需求并不等于放任不管，给孩子的自由应有度。

总之，家庭教育要尊重孩子的天性，让孩子自由发展。只有尊重孩子，才能让孩子产生良好的自我感觉和健康积极的心态。

对孩子的教育着眼要有长度

长度，本是一维空间的度量。这里指父母对孩子的教育，要有长远的考虑和打算，要帮助孩子树立远大的理想。

在家庭教育中，父母要充分意识到孩子是祖国的未来，也是家庭的希望；孩子是祖国的花朵，也是家庭的幸福。从孩子小时候起，父母就要开始精心地养好这口"泉眼"，教会孩子热爱家人、感恩孝敬、谦恭有礼，教育孩子自信、自主、自尊、自强。

在家庭教育中，父母不要目光短浅，过度在乎眼前的成绩或利益。为了孩子的可持续发展，要帮助孩子形成完整、独立的人格和优化孩子自身的独特个性，使孩子的生命潜能得以释放。

◆孩子是祖国的未来

孩子是祖国的花朵，是祖国的未来，作为父母，要充分意识到孩子与祖国未来的关系。

只有当国家繁荣昌盛、国富民强时，孩子才会有好的生活环境。同样，也只有德、智、体、美、劳全面发展的孩子，才是国家所需的人才。

孩子的思想品德、身体状况、情感态度、行为习惯、知识能力等不仅影响他未来的生活、工作、学习，还影响他未来的家庭、工作单位等。梁启超在《少年中国说》说："少年智则国智，少年富则国富；少年强则国强，少年独立则国独立；少年自由则国自由，少年进步则国进步；少年胜于欧洲则国胜于欧洲，少年雄于地球则国雄于地球。"

从这段话里，更能够理解孩子是祖国的未来。如果某个孩子能力非常出众，那么他将来或许可以成为国家栋梁之才，为国家贡献的力量可能比较大，与国家的关系也会更加紧密。如果孩子们不仅有才能、有智慧、有健康的体魄，还有好的品德，有一颗忠于祖国的赤子之心，有甘于奉献的精神和行为，那将是国家之福。

老话说，站得高，看得远。父母要想孩子有出息，就要从小时候开始，对其进行爱国教育，教育孩子将来要报效祖国。要让孩子知晓，中国是一个文明古国、礼仪之邦，祖国风景秀丽、物产丰富，有着灿烂的文化、悠久的历史，浩瀚的历史文化滋养了一代又一代优秀的中华儿女。要让孩子感受到中国一直以来就是一个伟大的国度，激发孩子的爱国情感，进而对本民族产生自豪感和自信心，这样会在无形中起到激励孩子的作用。

父母要多给孩子讲历史长河中那些优秀且忠诚的英雄人物的故事，让孩子了解他们是如何爱国的，从小给孩子树立起好榜样，让孩子踏着英雄们的足迹成长。一位著名的儿童文学家曾说过："一个孩子长大以后，目光有多柔和，心中有多少爱，很大程度取决于从小接触的故事。"一个个短小精致的故事不仅能让孩子在故事中领略中华文化的无穷魅力，而且还能让孩子获得智慧的启迪。

钱学森从小就十分爱国，他为了报效祖国，努力学习，当他学有所成的时候，动荡的社会却没有他施展才华的机会，于是，他留学美国。

数年之后，他听说新中国成立了，就义无反顾地要回国，美国人为了不让他回国，使尽种种手段想要打消他回国的念头，但最终钱学森还是回到了祖国的怀抱。钱学森曾对友人说过这样一句话："我是中国人，我可以放弃这里的一切，但决不能放弃我的祖国。"

钱学森回国后学以致用，用他的知识研究出了中国第一颗人造卫星、近程导弹、中近程导弹，他被誉为"中国导弹之父"。

（刘梅敬，《什么是社会主义核心价值体系?》，有删改。）

钱学森用他的智慧为中国人争了气，也为祖国争了光。父母要引导孩子向这些爱国人士学习，学习他们勤奋好学的精神，学习他们爱国的情怀。

父母要加强对孩子思想品德和做一名合格公民的教育,引导孩子懂得真善美,懂得自己肩负的社会责任。父母要教育孩子从小养成讲诚信的良好品质,做一个有道德素养的人。现在,有的孩子意识里中华民族的传统文化、传统的道德品质非常淡薄,这对孩子的成长是不利的。父母要明白,孩子拥有良好的品德、情感、态度和正确的价值观才是孩子幸福和成功的关键。

苏联教育家马卡连柯曾告诫父母:"你们应该记住:你们生养和教育子女,不仅仅是为了父母愉快,在你们家里……成长着未来的公民、未来的事业家、未来的战士,如果你们处理无方,教育不出好人来,那么,由此所得的苦痛不仅是你们的,而是很多人的,是整个国家的。不要忽视这个问题,不要认为这是使人厌烦的议论。要知道,在你们的工厂里,在你们的生产机关内,如果没生产出好的产品,而是生产了粗劣产品,你们会感到耻辱。给社会造就出不好的或者有害的分子,尤其是你们更大的耻辱。"

(《中国德育》,有删改。)

总之,作为父母要充分发挥家庭教育的特殊教育作用和影响力。要自觉地做好孩子的教育工作,引导孩子把自己和祖国联系起来,这样,爱国主义的情感才会在孩子的心灵中由稚嫩的幼芽,逐渐长成不可撼动的参天大树。

◆要培养孩子自立自强

现在大多数家庭只有一两个孩子,孩子的现在和将来的状况影响着父母的幸福指数。"败家子""啃老族"是家庭教育的失败,带给父母的是无尽的烦恼。父母要高度意识到家庭教育与家庭的现在,特别是将来幸福的关联度。从孩子小时候起,就要精心地养好这口"泉眼",要教育孩子懂得热爱家人和独立自主。

1.父母要教会孩子热爱家人。要多给孩子讲一些尊老爱幼、宽容理解、谦恭有礼、感恩孝敬的道理和故事,引导孩子懂得孝敬父母,关爱老人，和同伴友好相处，这样，家庭的现在和未来才是幸福的。

葛优的母亲施文心很骄傲地说："在整个北影厂，大家都说，葛存壮的儿女最成器、最孝顺。"老人的话的确不假。在南宁电影节期间，只要葛氏父子共同出现，人们就会看到葛优很小心地挽着父亲的胳膊，和昂首挺胸的父亲不同，他始终低着头，似乎在时刻聆听父亲的教导。葛优也常说："孝顺是子女最应该尽的义务，不孝顺父母的人，连畜生都不如。"

让葛优的母亲施文心感到欣慰和幸福的不是葛优成了中国家喻户晓的大明星，而是儿子的孝顺。父母要明白，孝顺不仅仅是回报，还是一种情怀。

2.父母要教育孩子学会自立自强。父母既要关心孩子的今天，更要清楚孩子的明天。将来的风风雨雨必须孩子亲自经历，未来的路也必须靠孩子自己去走。教会孩子自立自强是父母的教育责任。自立自强是一种自我生存的意识和能力，也是每个人追求的心理品质。自立自强不是华丽的皮囊，而是帮助孩子披荆斩棘的锐利武器。孩子有了自立的意识和能力，便比较容易适应社会，把握机遇，发展自身。

小蜗牛问妈妈："为什么我们从生下来，就要背负这个又硬又重的壳呢？"妈妈说："因为我们的身体没有骨骼的支撑，只能爬，又爬不快。所以要这个壳的保护！"

小蜗牛又问："毛虫姐姐没有骨头，也爬不快，为什么她却不用背这个又硬又重的壳呢？"妈妈笑了笑说："因为毛虫姐姐能变成蝴蝶，天空会保护她啊！"

小蜗牛皱着眉头说："可是蚯蚓弟弟也没骨头，也爬不快，也不会变成蝴蝶。他为什么不用背这个又硬又重的壳呢？"妈妈抚了抚小蜗牛的头说："因为蚯蚓弟弟会钻土，大地会保护他啊！"

小蜗牛哭了起来："我们好可怜！天空不保护，大地也不保护。"妈妈安慰小蜗牛："我们有壳啊！我们不靠天，也不靠地，我们靠自己。"

（刘墉，《萤窗小语》，有删改。）

不论多么强大的靠山，总有靠不了的时候。只有教孩子自立自强，做父母的才不会担心孩子成为“啃老一族”，也不至于担心孩子有一天失去“靠山”后怎么办。

我国教育家陈鹤琴先生说：“凡是孩子自己能做的事，让他自己去做。”美国心理学家戴尔说过，孩子需要一定的空间去成长，去检验自己的能力，去学会如何应对危险的局面。不要为孩子做过多他自己能做的事。如果我们过多地做了，就剥夺了孩子发展自己的能力的机会，也剥夺了他的自立及信心。这些都是符合教育规律的至理名言。故此，父母要从小培养孩子的独立精神和动手能力，防止孩子产生依赖的心理与习惯。

◆着眼孩子的可持续发展

随着新时代的到来，家庭教育被越来越多的父母所重视。俗话说：人无远虑，必有近忧。孩子将来如何发展，如何融入社会，如何形成独立人格，如何释放生命潜能、实现生命的价值等问题，是父母应该考虑的。父母只有做好规划，才能保证孩子可以持续发展。

1.父母要对自己的孩子进行全面的了解，其中包括体质、智力、情感、性格、意志、能力以及潜能等，要根据孩子的个性特征，为孩子制订目标。有效的教育就是要帮助孩子实现他们的个性特征与客观生活环境、学习环境取得合理的平衡，不可以束缚个性发展。每个孩子的性格都不完全相同，有的外向，有的内向；每个孩子的思维类型都有一定的倾向性，有的擅长形象思维，有的擅长逻辑思维；每个孩子的想象力、创造力存在着一定差别；每个孩子的兴趣爱好也有所不同。

父母要创造民主环境，肯定孩子的努力，找到适合孩子成长的路径，正面引导孩子如何找到真正适合自己的领域，而不要按父母的意愿去强迫孩子学什么、怎么学。

父母对孩子的期望要求和目标追求要因孩子而异，不可过度地受环境中其他因素的干扰。如果对所有的孩子都千篇一律地要求，结果即便是能勉强达到眼前的目标，但不一定有利于孩子今后的发展。

父母要观察孩子的日常生活和学习，也可以通过认真倾听学校老师以及周围亲朋好友的评价，必要时还可以借助专业的心理、能力测试手段，只有在大量的调查研究的基础上，父母才可以为孩子的教育选定一个方向。

2. 父母要了解和预测社会和家庭未来的发展方向，对孩子的要求也要因时而定，不可孤陋寡闻或刻舟求剑。现阶段的社会正处在转型时期，经济、文化以及社会结构、社会关系日新月异。面对这一现实，父母在实施家庭教育时，不能短视，只关注眼前的生活现实或者只把希望寄托在二三年后的升学目标上，而要着眼更长远。

对于现在就读于中小学的孩子而言，父母不妨将目标定在15至20年后社会对人的要求上。虽然父母不可能完全预见未来，但是可以断言未来社会对公民的要求绝不仅是知识和技能的，更重要的是人的创造能力和对周围世界的批判精神。届时个人的人格魅力和社会交往能力将是一个人立足社会，实现自我价值的决定因素。

父母还应在学业之外多创造一些允许他们演练和展示各类才能的机会。只有这样，才能使孩子健康和快乐地成长，才能培养孩子的创新精神和创新能力，才能让孩子真正适应未来社会发展的需要。

3. 父母要根据对孩子的全面了解，对未来社会的科学预见，以及父母期望和孩子自身的愿望，着手制订一份明确的家庭教育方案，或者说孩子的职业规划，并分步加以贯彻实施。对于大多数家庭来说，也许制订教育方案或实施教育方案都会存在一定难度，这就要求父母主动、积极、尽可能多地学习一些有关家庭教育的知识和技能。

总之，为了孩子未来的可持续发展，帮助孩子形成完整、独立的人格和优化自身独特个性，使孩子的生命潜能得以释放，在自我成长的基础上逐步完成自我实现的目标，每一位有责任心的父母都应该通过努力学习，尽快地使自己成为名副其实的好家长。

◆帮助孩子树立远大的理想

理想是深藏在人心灵里的一道迷人的风景,是孩子的人生奋斗目标,也是孩子不断进取的动力。没有理想的孩子就会失去前进的动力,表现出缺乏学习的热情和激情,终日无所事事,碌碌无为。

有一年,一群意气风发的天之骄子从美国哈佛大学毕业了。他们的智力、学历等都旗鼓相当,他们在即将踏上社会这个最广阔的天地之前,哈佛对他们进行了一次关于人生理想的调查。结果如下:

27%的人没有理想;60%的人理想模糊;10%的人有清晰但比较小的理想;3%的人有清晰而远大的理想。

25年以后,哈佛再次对这群人进行了跟踪调查。结果如下:

3%的人,25年间,他们朝着一个方向不懈地努力,几乎都成为社会各界的成功人士,其中不乏行业领袖,社会精英。10%的人,他们的小理想不断实现,成为各个领域中的专业人士,大多生活在社会的中上层。60%的人,他们安稳地生活与工作,但都没有什么特别的成就,几乎都生活在社会的中下层。剩下27%的人,他们的生活没有理想,没有目标,过得很不如意,并且常常抱怨社会,抱怨他人,抱怨这个“不肯给他们机会”的世界。

(李书,《大学生心理健康教育》,有删改。)

可见,理想是人生道路上的奋斗目标,是立在远方的一座灯塔。有人说过这样一句话:如果你不知道航行旅程的终点,那么任何方向的风对你来说都是逆风。

那么,作为父母该如何帮助孩子树立远大的理想呢?

1.父母要让孩子意识到理想的重要性。树立远大的理想是孩子走好人生之路的重要前提,是沿着正确的方向健康成长、顺利发展的必要条件。只有树立了远大理想,孩子才能够在理想的召唤下不断拼搏,不断克服通向理想道路上的困难,达到胜利的彼岸。父母必须让孩子明白,人的生命是有限的,要使有限的生命有意义,就必须使人生具有明确的奋斗目标,这样才能让孩子在明确的目标指引下沿着正确的人生道路前进,这对孩子的一生具有决定的意义。

2. 父母要倾听孩子的内心世界，读懂孩子。没有理想的人，就没有目标，就没有奋起直追的持久驱动力。生活中，有的父母忽视孩子自己的想法，有的父母苦恼于孩子对未来的茫然，导致这两个方面的根本原因在于，父母没有真正了解孩子，没有帮助孩子树立理想。父母想要帮助孩子树立理想，首先要真正了解孩子。父母平时应多与孩子进行情感交流，倾听孩子内心的声音，了解孩子真正感兴趣的是什么，尽可能地尊重孩子的意愿和选择。在此基础上，引导孩子有长远的追求，有职业规划。

3. 父母要观察孩子的兴趣爱好，因势利导。孩子的想法，不一定就是理想。现实中，有的孩子会以身边或媒体宣传的人作为自己的榜样，进行效仿；有的孩子把自己的兴趣、爱好、特长当理想，爱好唱歌的希望将来当歌唱家，喜欢跳舞的希望当舞蹈家等；有的孩子不够成熟，追求的目标往往不够稳定，今天喜欢唱歌，明天就可能喜欢跳舞，后天又可能喜欢画画，正所谓“少年多志，理想多变”。父母要根据孩子的实际情况，对孩子的兴趣爱好给予鼓励和支持，并且要善于因势利导，有意识地激发孩子的理想的火花；父母应在日常生活中认真观察孩子的兴趣所在，及时为孩子播下理想的种子；父母要将孩子的理想目标细分为若干个小目标。

4. 父母要鼓励孩子树立理想，努力奋斗。父母首先要告诉孩子，理想不是空想，需要艰苦努力，需要脚踏实地，需要从现在做起，从小事做起。其次要告诉孩子，理想的实现不会一帆风顺，会遇到各种各样意想不到的困难和挫折，只有以坚韧不拔的精神去面对困难和挫折，以顽强的毅力去冲破艰难和险阻，才会达到理想的彼岸。另外，父母要适时适度地帮助孩子克服前进道路上的困难。

5. 父母要引导孩子多读名人传记，获得力量。为了帮孩子树立理想，父母可以多给孩子讲一些名人的故事，引导孩子多读一些名人传记，并和孩子讨论名人的成长史、奋斗史、成就史，撰写心得体会，让孩子学习名人的精神，让孩子铭记成功必须付出辛劳和汗水，让榜样在孩子心里生根发芽。父母要给孩子提供建议和支持，要经常提醒孩子践行承诺，在孩子怀疑自己的梦想时，给予孩子鼓励。

总之，远大的理想如指引孩子前进的明灯，父母要设法帮助孩子树立正确的、远大的理想，并激励孩子不断努力，实现理想。父母对于孩子的理想之苗，要一点点地培养扶持，要细心浇灌滋润。美国成功心理学家拿破仑·希尔有一句名言：“人类最神奇的遗传因子，就是那善于梦想的力量。”

家庭教育要讲究法度

这里的法度,是指家庭教育要遵守国家法律制度,要尊重的孩子成长的规律,要规范自己的教育行为。

在家庭教育中,父母的教育行为要讲法、守法,不要触犯法律红线;要规范、严谨,用相关的法律法规来指导和约束自己的教育行为。要给孩子一个安全的环境,让孩子有安全感。

在家庭教育中,父母要把好教育的度,对孩子要以说服教育为主,可以对孩子警示,可以对孩子进行责罚、惩戒,但不可以体罚,不可以谩骂或讽刺,更不可以威胁、恐吓。

◆让孩子有安全感

人需要安全感,孩子尤其需要安全感。给孩子一个安全的环境,是孩子健康成长的保证。

安全感,是孩子心理成长中最重要的营养要素。安全感有助于孩子的身体健康,思维敏捷,情绪稳定,性格开朗,学习有信心,做事有勇气,与人和睦相处,接受和适应群体活动,潜能得到最大的发挥。安全感有助于提升孩子成长中的适应能力、探索能力、创造能力,以及掌握和享受快乐幸福的能力。如果不能帮助孩子形成健康的安全感,这种负面影响将会伴随孩子的一生。

那么,造成孩子没有安全感的原因有哪些呢?

1.打骂孩子,把孩子轰出去,把孩子锁起来,让孩子吃不到饭,孩子冷的时候不给孩子及时添加衣服,孩子生病时不及时去治疗,家里的设施有损坏不去修理等，让孩子的基本需求得不到满足，这样就会让孩子缺乏安全感。

2.父母离婚，家庭出现冷暴力，把孩子托付给长辈带，生活中总是哄骗孩子等。让孩子有一种被抛弃的感觉，孩子会认为自己不被父母在乎，觉得自己是多余的，没有安全感。

3.忽视孩子，不把孩子的事情当回事，不能给孩子积极的肯定和认可，一味地贬低孩子，总爱说自家孩子不如别人家的孩子，不停地夸耀别人家孩子，这样会让孩子没有自信，胆小、怯懦。

4.父母吵架殃及孩子，让孩子觉得是因为自己的事才会让爸爸妈妈吵架，孩子会很内疚。有的父母情绪不稳定，喜欢拿孩子出气，这样会给孩子太大的心理压力。

5.什么事都不让孩子做，孩子做什么父母都认为做得不好，甚至平常孩子说话，父母也认为说得不好。这样下去，孩子会认为自己很无能，其实是父母没有给孩子机会。

父母要想让孩子得到真正的安全感，只有遵守家庭教育的基本规律，把好家庭教育的分寸，对孩子做到对自由而不放纵，宽容而不纵容，严格而不严厉，责罚而不体罚。具体应该做好以下几点。

1.父母要为孩子设置安全的物理环境。安全的起居和活动环境是孩子获得安全感的基本条件。孩子蹒跚学步时，应尽量在平坦的路面上进行，以防孩子跌倒，产生恐惧心理；不要将孩子放在高椅或高桌上；孩子住所的光线要柔和，避免刺激孩子的眼睛；不要给孩子颜色灰暗、形状丑陋、难于操作和容易损坏的玩具。

2.父母要给孩子充分的亲情陪伴。父母无论多忙，都要抽时间陪伴孩子。如果孩子得不到父母的陪伴，将很难养成良好且规律的生活习惯，安全感自然也就无从建立或培养了。父母可以陪伴孩子参与活动，或是通过游戏中的肢体接触，帮助孩子建立安全感。父母平时可以多花点心思，设计亲情活动，让孩子在活动中学习、交流，让亲子情感升温。

3.父母要给孩子安排熟悉环境的机会。孩子进入一个陌生环境、场所以前，要找机会先让他熟悉一下。到新学校前，父母应先带孩子参观学校，让孩子熟悉新环境，这样可以驱除孩子对新环境的抵触和惧怕心理。

4.父母要给予孩子温柔的声音。孩子害怕响亮的声音，特别是幼童，婴儿听到巨响，会四肢伸张，有惊怕的表现。就是青少年孩子也反感父母大声粗气地与自己沟通。根据多方面的实验，器物的噪声、巨大的声响，都会令孩子感到惧怕。因此，要用温柔的声音、温柔的言语同孩子讲话，要轻言细语，不能大声呵斥孩子。

5.父母要容许孩子的哭泣。有时一些小小的挫折就可能让孩子感到很委屈或孤立无援，孩子可能采用哭泣的方式吸引大人的注意力，来寻求一些安慰。这时，家长一定不能训斥或以装着听不见的方式对待孩子的哭泣，因为适当的哭泣对孩子来说是一种很好的宣泄方式，可以及时排除负面情绪，协助建立安全感。

总之，帮助孩子建立安全感，责任主要在父母。父母如果及时地、可靠地、始终如一地满足孩子正当的心理需要，那么孩子就会认为自己所处的环境是安全的，父母及他人是可信任的。

◆不能威胁、恐吓孩子

每个人都会有恐惧心理。这种恐惧又分为两种：一种是自然的本能反应，即对于危险的恐惧；另一种就是神经性的忧虑，即一个人在没有遇到危险的情况下产生的一种无端的害怕，可能说不出理由，也可能说得出来。父母不能恐吓孩子，以免加深孩子的恐惧，要以正确的方法教育引导孩子，使孩子不至于产生无谓的恐惧心理。

一位母亲在路边哄孩子。小孩子不听劝，拼命地哭。母亲说好话，给他东西，都不管用。最后，母亲实在不耐烦了，大声说："你还哭不哭？再哭我就走了！"并做出要走的样子。孩子哭得更凶了。

母亲二话不说，扭头就走。孩子见妈妈真的走了，不要他了，慌了神，赶紧追上去，边哭边喊："妈妈，不要扔下我，我不哭了……"

（葛红明，《再忙也要做个好妈妈》，有删改。）

这样的情景看着是很令人心酸。父母是孩子最依赖的人，孩子从出生起，就对父母有特别的眷恋，没有父母的孩子有潜在的不安全感。

在孩子的心里，经常有"爸爸妈妈会不会不要我"这样的担忧。在这种心理背景下，还对孩子说"我走了，不要你了"之类的话，孩子的潜在不安感会加剧，易于受到大人无法想象的打击。这种精神上的不安，很可能会让孩子做出极端的举动。

据观察，现实生活中，有的父母有以下威胁、恐吓孩子的行为。

1. 当孩子调皮、不听话时，经常听到有的父母利用一些孩子害怕的形象来恐吓孩子。当孩子不吃饭时，父母会说："再不吃饭，就叫医生来打针！"当孩子玩得不想回家时父母会说："等会警察叔叔来抓小偷，把你也抓起去！"当小孩子与父母顶嘴时，父母会说："再不听话，就打电话给老师了！"当孩子哭闹时，会说："再哭，我就不要你了！"或"再哭，狼外婆来把你叼走！"有的父母还用妖魔鬼怪来吓唬孩子。

现代父母日益重视和孩子的相处之道，但是在被孩子折磨得头昏脑涨、无计可施的情况下，为了让孩子乖乖就范，威胁、恐吓孩子的话还是会脱口而出。虽然能收到短期成效，但绝非长久之计，用医生、警察、老师以及其他让孩子害怕的形象去恐吓孩子是愚蠢的方法，是不可取的。

一旦孩子对这些角色产生错误的认知，后果是严重的。一个害怕医生的孩子，等到需要看医生时，他说什么都不肯去。一个怕警察的孩子，即使迷路了，也不会去问警察。一个怕老师的孩子，不可能安心听老师讲课。

2. 当孩子的学习成绩没有满足父母的期望值时，有的父母会威胁孩子。比如，不让读书了，再也不准玩电脑了等。某校，一名学生失踪，忙坏了家长和老师，问遍亲戚朋友，杳无音讯；学校派人在全城寻找，结果在一桥洞下发现了该孩子。孩子蜷缩在那里流着眼泪甚是可怜，问其原因，才知道因为这次考试得了92分。原来他的爸爸说拿不到100分就砸断他的腿。再问父亲，父亲很轻松地回答："我不过吓唬吓唬孩子！"

显然，父母的威胁、恐吓会让孩子害怕，孩子的心里会萌发许多不安全的担忧，做出许多自我保护的行为，并可能最终演绎为不幸。轻则无法集中精力学习，性格压抑，重则会毁掉一个孩子。如果不想毁掉孩子，就请不要恐吓孩子。

总之，恐吓和威胁不是一种好的教育手段，它会伤害孩子的心灵。孩子需要的是一个安全的环境，只有孩子感觉自己处在安全之中，才会让孩子的身体健康和心灵宁静快乐。

◆切记，不要打骂孩子

现在还存在少数父母打骂孩子的现象。

有的父母认为，孩子是自己的骨肉，自己辛辛苦苦地养育孩子，可孩子还调皮、不听话、学习成绩不好，怎样教育和处置孩子是自己的权利，对孩子打骂是自己家的事，别人管不着。有的父母潜意识中还有落后的教育思想，认为孩子不打不成材，只有在“黄金棍”下才出孝子，只有打屁股、挨板子才能让他们长记性。父母要明白，虽然给了孩子生命，但孩子是一个独立的、受法律保护的生命体，不是物化的财产。

苏联教育家马卡连柯说：殴打来教育孩子，和类人猿教养它的后代相类似。英国哲学家斯宾塞也说过，粗糙轻率的家庭管理作风是最贫乏最无教育智慧者采用的。打骂虽然可能收到一时之效，但事实上，给孩子带来的不仅仅是皮肉之苦，更多的是心灵的创伤和行为的扭曲。

打骂，会让孩子产生厌世情绪和自卑感；打骂，会让孩子产生遗弃感和恐惧感；打骂，会让孩子逆反心理增强；打骂，会让孩子产生暴力倾向；打骂，会让孩子经常撒谎。

其实，对孩子的错误或不良行为施以教育的方式有多种，完全没有必要打骂。建议父母这样做。

1. 可以让孩子承担自己的行为后果。如果孩子因为任性损坏了自己的玩具或者用具，父母不要急于为孩子添置，让孩子意识到自己行为，会给自己带来不利的后果。

2. 可以让孩子对自己的不良行为做出补偿。如果孩子生气的时候，乱扔东西，父母应该要求孩子把东西收拾好。

3.可以适当取消孩子的一些权利。如果孩子不好好读书,不听学校老师的话,就减少或者取消孩子的一些利益和权利。

4.可以让孩子静坐反思。让孩子静坐或者面壁,一方面能让不良行为停止,另一方面可以让亲子双方的激动情绪得到缓解,让孩子反思自己的不良行为。

总之,父母经常打骂孩子,孩子渐渐地就会从对父母的依恋,变成对父母的疏远,甚至发展为仇恨父母。打骂孩子不一定能达到教育的目的,但一定会有不良后果。

◆切记,不要“心罚”孩子

在现代家庭教育中,父母对孩子的体罚现象已逐步减少,但取而代之的“心罚”。挖苦、讽刺,已经成为部分家庭教育的“撒手锏”。有的父母对孩子,一怒之下,开口便训斥、责骂,且言语刻薄,什么“笨蛋”“蠢货”“没出息”“扫大街的料”“去死吧”等,顺嘴向孩子倾泻。

从心理学角度说,这就是“心理虐待”,所造成的后果是父母也不愿看到的。因为“心理虐待”虽不伤及皮肉,却戕害心灵,扼杀个性,个别受害者甚至会产生心理变态。“心理虐待”是“无形的刀子”“慢性的灾难”!

一位初一的孩子,一次因数学测试成绩差被母亲当众训斥,“哈儿,你长的是猪脑呀!”“今后只有去掏下水沟”。

平时性格内向的孩子,从此更加压抑,离群寡欢,一做数学题就有一种莫名的畏惧感。后来竟发展到一看见数学题就觉得头晕眼花,耳边总回响着母亲那尖刻的斥责声。

最后,不得不休学,重读初一。

许多受到心罚的孩子,往往不是考虑如何改正错误,而是体验到难堪和痛苦,从而产生反抗和对抗的情绪,驱使他们动脑筋去考虑如何对付父母。难怪有孩子沉重地表白“不怕拳头像雨点,就怕言语像毒箭”。

父母施行心罚,破坏了自己在孩子心目中的形象,削弱了父母的威信,损害了孩子对父母的情感。

父母对孩子的“心罚”一般表现为以下几个方面。

1.威胁孩子。父母用“语言暴力”威胁孩子，会让孩子缺乏安全感。

2.抹杀孩子的努力。很多父母追求完美，仅仅因为孩子没达到“最佳”或“理想”标准，就抹杀其成绩，会让孩子感到自己的努力没用。

3.夸张歪曲事实指责孩子。父母对事实的歪曲和夸张会影响到孩子的为人处世，为以后的许多不良行为，诸如撒谎、爱吵架、欺骗、偷窃及攻击性行为等埋下祸根，孩子长大后也容易犯错。

4.不尊重孩子，贬低孩子。孩子会真的认为自己很笨，不如别人，于是破罐子破摔，进而导致自卑、情绪低落、焦虑甚至自我怀疑。

5.以漠视的眼神对孩子。会让孩子的自尊心遭到重创，要想再让孩子重树自信，恐怕就事倍功半了。

父母的教育总是伴随语言的说服和热、冷、硬、软的情感态度，这些说服和情感态度如果没有把好度，就会出现“心罚”的情况。

那么，父母怎么才能避免“心罚”的产生呢？

1.父母要学会维护孩子的自尊心。每一个孩子都有自尊心，父母的责任就是不断强化孩子的自尊心。心理学家指出，自尊心的出现是孩子身心发育进一步成熟的表现。为了孩子的成长，父母就应该注意孩子对各种事物的反映，倾听孩子的声音，特别是当孩子出现“问题”时，更要与孩子一起分析问题的症结所在，勇于为孩子分担。如果孩子确有“问题”，也要批评适度，批评必须是分析式的，是查找“问题”产生的原因和解决的方法，同时，还要注意场合。

2.父母要学会树立孩子的自信心。美国著名教育家克劳蒂娅指出：“每个人在沮丧之时，都需要别人的理解和慰藉。对孩子我们更应该伸出理解之手。”孩子心理的不成熟，决定了孩子情绪的不稳定，这是孩子在成长过程中的必然现象。每个成长中的孩子都可能经历挫折和失败，这个时候，最需要的是理解和帮助，特别是来自亲人的帮助。如果父母能体贴地说上一句“没关系，从头再来”，那么孩子的心灵就会感到慰藉，孩子的自信心就会在低落的情绪中重新树立，孩子就会从失败中学会总结，重新站起来。

3.父母要区分好冷处理和冷暴力的界限。在现实生活中，有的父母还没有意识到，当孩子犯错之后，对其冷冰冰的语气、冷漠的眼神其实并非科学的冷处理，而是一种冷暴力。冷处理和冷暴力完全不同，最大的区别在于是否爱孩子。心里怀有爱的父母，在冷处理的时候，不会无尺度地狠处理，或者不会无限地不理不睬。冷处理是针对孩子特定的行为进行惩罚，是让孩子明白这是针对其不恰当行为而非针对他这个人，是需要孩子改正错误的行为。而冷暴力是针对这个人，而且往往是持续的、长时间的。

总之，"心罚"孩子，代表了父母不相信孩子、轻视孩子，这样会让孩子与父母的关系僵化，有的孩子还会有意回避与父母的"照面"和沟通。

引领孩子父母自身要有亮度

所谓亮度，是指父母在家庭生活、工作中，用自己勤劳、担当、宽容、自信、诚信等好品格、好行为、广泛的兴趣爱好、良好的工作状态和成绩，给孩子做榜样，引领孩子健康成长。

在家庭教育中，父母只有有了足够的亮度，才能对孩子有吸引力。亮度越大，吸引力就越大，起到的引领作用就越有效度。父母无疑是孩子最好的榜样，一言一行，一举一动，都有可能成为孩子的效仿源。

在家庭教育中，父母的自我形象是无声的教育。父母要想培养出好孩子，自身一定要有好习惯。父母的习惯不仅被孩子模仿，还直接影响孩子的学习和生活。

◆做有吸引力的父母

常常把父母称作孩子的第一任老师。父母是原件，而孩子是复印件。俗话也说："父母是子女的样子，子女是父母的镜子。"可见，父母对孩子的影响是多么重要。

被美国《幸福》杂志评为"美国最成功的企业家"的奥尔森，是美国数字设备公司（DEC）的始创者、总经理，他带领公司员工，经过三十年的奋斗，使得公司在美国同类企业中实力名列第二。

在谈及他的成功时，他总是要提到父亲，因为他的父亲用行动影响了他的一生。奥尔森的父亲奥斯瓦尔德是一个没有大学文凭的工程师，拥有几项专利，但后来成了为一名推销员。

曾有一位顾客想购买奥斯瓦尔德推销的机器，当奥斯瓦尔德发现这位顾客并不真正需要这部机器时，极力劝告这位顾客不要购买，此事让他的老板火冒三丈，但为奥斯瓦尔德赢得好名声。

奥斯瓦尔德的三个儿子以他为榜样，诚信做人，全部成为有成就的工程师。奥尔森本人在生活作风和为人处世上秉承了父亲的优点，办事讲原则，合作重诚信，赢得了员工和商业伙伴的信赖。

（戴伯龙，《贵人改变命运》，有删改。）

有其父，则必有其子；有其母，则必有其女。奥尔森的父亲以“没有大学文凭的工程师”“拥有几项专利”“诚信做人”等亮点吸引孩子，奥尔森在生活作风和为人处世上秉承了父亲的优点，办事讲原则，合作重诚信。

孩子光溜溜地来，对世界充满了新奇和无比美好的向往；孩子跌跌撞撞地成长，父母是牵着孩子走路的人，是孩子的引路人。要想照亮孩子前进的路，父母自身要有足够的亮度。

有位家庭教育专家曾经说过：“如果孩子敬佩自己的父母，把父母当偶像，那么孩子就愿意听从父母的教导，孩子就容易成才，成功的几率也就比较高。倘若孩子认为自己的父母不值得尊敬，他又怎能听从于父母的教诲呢？”

那么，如何做一个有亮度的父母呢？

1.做一个有人格魅力的父母。父母只有具有足够的人格魅力，才能对孩子施以最大化的影响。所谓人格魅力，是指一个人在性格、气质、能力等方面具有强大的吸引人的力量。作为父母，想教育好孩子，自己必须具备人格魅力，这样才能吸引孩子，自然孩子也会受到父母人格魅力的熏陶。

2.做一个有道德力量的父母。孩子不仅是父母生命的延续，更应是父母生命的升华。父母要想孩子健康成长，其身上的道德力量至关重要。可以说，父母身上的道德力量是一个孩子健康成长的绝对保证。

3.做一个有担当有责任的父母。把孩子带到这个世界上，做父母的就应该为这个生命负责，就应该给予孩子幸福的家庭和美好的生活，这是为人父母的职责。孩子在成长中，可能会犯这样或那样的错误，面对孩子的错误，父母的教育要有分寸，不能过分生气、愤怒，不能有过激的粗暴举动，要懂得宽容，耐心引导，承担责任。

4.做一个兴趣爱好广泛的父母。父母要有一两项兴趣爱好，要经常表现出对各种事物的好奇，给孩子做出榜样。特别要善于选择一些合适的问题，与孩子一起探究，培养孩子积极思考的探索精神，使孩子逐渐养成喜欢探究的习惯。

总之，父母自身的亮点会对孩子，起到耳濡目染、潜移默化的作用，赢得孩子的信赖与尊敬，产生一种实实在在的教育力量。正如俄国作家列夫·托尔斯泰所说："教育孩子的实质在于教育自己，而自我教育则是父母影响孩子最有力的方法。"

◆榜样的力量是无穷的

榜样的力量是无穷的。家庭是孩子最基本的生活、体验以及最初接受教育的场所。父母和孩子接触最早、最多、时间最长，因而是孩子学习的最直接、最具体的榜样。父母一言一行，一举一动，都有可能成为孩子的效仿源。无数事例证明，孩子最初的行为习惯都是从父母身上学来的。因此，父母要特别重视自己对孩子的影响力，为孩子树立好的榜样。记得CCTV电视里播了一条公益广告，一个小男孩的妈妈端着一盆水给小男孩的奶奶说："妈，烫烫脚对您的腿有好处！"在门口，小男孩那双天真的眼睛看见了。有一天，妈妈下班回到家里，他就给妈妈端去了一盆水说："妈妈，洗脚。"

在家里，父母的行为被孩子悄悄地看在了眼里，记在了纯洁的内心里，自然也会效仿妈妈的善举，这种影响作用是最直接、最深刻、最持久的。苏联著名教育家马卡连柯曾经说过："父母对自己的要求，父母对自己家庭的尊重，父母对自己每一行为举止的注重，就是对子女最首要的，也是最重要的教育方法。"

英国教育家洛克主张，在教育孩子时，与其让孩子记住规则，还不如树立榜样。他说："无论给孩子什么教训，无论每天给他什么样的聪明而文雅的训练，对他的行为能产生最大影响的依然是他周围的同伴，是他监护人的行动榜样。"巴金也说："父母们的榜样力量非常大。在我小时候，父母的脾气都好，父母从未打骂过孩子。想来想去，我想不出从他们身上学到什么坏的东西。"

父母的榜样作用许多时候表现为示范，好的行为习惯就是好示范，反之，不良的行为习惯就是坏示范，正所谓"习于善则善，习于恶则恶"。

有一位父亲在领取驾驶执照的考试中作了弊，回家后兴致勃勃地大谈自己如何"机智勇敢"地躲过了监考人，并为自己如此通过了考试而庆幸。

没有想到的是，不久，儿子考试作弊，被老师"当场抓获"。

面对孩子，父亲心里明白，正是自己的一个错误行为被天真的孩子所模仿，抵消了平时无数次的正面说教。

父母一定要摒弃错误的言行举止。要知道，孩子正踏着父母的脚印成长。父母与孩子朝夕相处，孩子在为人处世、言谈举止等方面常常把父母作为自己的模仿对象，在很大程度上对孩子起着示范作用。哈佛大学一项研究表明：在教育孩子时，父母自己是什么样的人，远比他们对孩子做什么，采用某种教育方法更重要，更能影响孩子。

教育孩子的方法多种多样，但说到底，父母想要孩子成为什么样的人，最好的办法是自己先成为那样的人。在给孩子做榜样时，父母应该注意把握好以下几点。

1.严格要求自己的言行举止。父母文明得体的言行是一种巨大的教育力量，会对孩子的性格、思想品德和行为习惯的养成留下深刻的烙印。

2.欲教子先正其身。想让孩子做到的事，父母一定先要做到，孩子自然而然就会跟上父母的脚步。被誉为"德国教师的教师"的著名教育家第斯多惠曾说过："只有当你不断地致力于自我教育的时候，你才能教育好别人。"

3.学会在生活中育人。父母不要以为只有同孩子谈话和教导孩子、吩咐孩子时才是在教育孩子。生活的每一瞬间，都是在教育孩子。父母怎样的动作习惯，怎样待人处事，对孩子都有很大的教育意义。在孩子身上可以折射出父母为人处世的哲学和做人的准则。

总之，父母作为孩子终身的教育者，对孩子的教育影响也最深远。教育家孔子就说过："其身正，不令而行；其身不正，虽令不从。""欲教子先正其身。"确实，父母是孩子自觉或不自觉的榜样，在家庭教育中发挥着无穷的力量。

◆用良好的生活习惯影响孩子

习惯是一种力量，一种能量，它看不见，摸不着，但它能使事情变得省力，变得容易。父母的生活习惯对孩子具有非常大的影响。

父母良好的习惯表现在诸多日常生活的细节上，认真做事、节约环保、勤于动手、坚持阅读……这些生活习惯会影响孩子生活习惯的养成。

一个具有优良品德行为和高尚情操的父母，才能把自己孩子培养成有良好道德操行的人。一个自私自利的父母很难培养出一个甘于奉献的孩子，一个心胸狭窄的父母也很难培养出一个宽宏大量的孩子。

父母想要孩子有好习惯，自己首先必须要有良好的习惯，摒弃或尽量改变自己的不良习惯。

一位父亲在每天工作之前，都要到酒馆里喝上一杯酒，这已经成为他的习惯。

在一个大雪纷飞的早晨，他在吻别了妻儿后，径直走向酒馆。没有走多远，他感觉有人跟在他的后面，当他转身时，发现不满8岁的儿子正踩着他留在雪地上的脚印，并且兴奋地说："爸爸，你看，我正踩着你的脚印！"

孩子的话使这位父亲心中一震，他想："如果我去酒馆，儿子踩着我的脚印，将来他也会去酒馆的。"

从那以后，这位父亲再也不光顾酒馆了。

（《家庭健康》，有删改。）

为人父母，要走好每一步，要知道，孩子正踏着父母的脚步走来。父母要时刻提醒自己，要有良好的生活习惯。建议父母做好以下几点。

1. 父母要有良好的说话态度的习惯。在家里，父母的语言要和蔼可亲，词语优雅，语气轻松。尤其对孩子不能居高临下，盛气凌人，更不能大声呵斥，污言秽语。

2. 父母要有树立良好形象的习惯。在日常生活中，父母应当十分注意自身的言谈举止，要在一点一滴的小事上给孩子以健康、积极的影响。穿着要大方，行走要沉稳。对待生活中的困难，冷静思考，积极解决。工作上应该敬业、上进;待人上应该真实、诚信;处事上应该言行一致。

3.父母要善于处理人际关系。在家庭和睦、邻里友好的人际关系中,在欢快、恬静氛围里,孩子自然也会形成善良、友好、乐观的个性品质。孩子长大后自然也会乐观向上、诚信待人、孝顺父母、感恩社会。

4.父母要有合理安排时间的习惯。父母要合理地安排每天的工作、学习、休息时间,善于利用点滴时间。要训练学习的快节奏、高效率。不要过懒散的生活,做事不要拖沓,不要把今天该做的事放到明天去做。这样,孩子才能学会珍惜时间,做事才会讲效率。

总之,孩子的良好习惯受父母的影响较大,父母要利用好家庭教育的天然优势,寓教育于生活习惯之中。

◆塑造良好的自我形象

父母的自我形象也是无声的教育。孩子具有很强的模仿能力,加上父母在孩子心目中的不可替代的重要地位,以及与父母的朝夕相处,父母的言行对孩子耳濡目染、潜移默化成为必然。

父母的自我形象,是指父母的语言、衣着、体态、面部表情、目光等。父母用良好的自我形象对孩子施加影响,可以辅助和增强平时的语言教育功能,往往事半功倍。

1.父母要有好的肢体语言。所谓肢体语言,就是父母平时说话时附带的手势、步态和体态等辅助性的无声语言。用肢体语言教育孩子,孩子会更好地理解父母的教育内容,并且印象深刻。父母要使自己的体态自然大方、动作讲究得体,让孩子感到父母的稳重、威严却不失亲切、随和。

2.父母要有好的面部表情。好的表情能够带来好的身体状况。表情好,身体好;表情好,心理好;表情好,和周边人的关系好。一个总是微笑的人,全身都在微笑。孩子面对父母,如果父母是微笑,就会让孩子感到亲切随和而乐于接触。反之,如果成天板着面孔,就会让孩子产生一种畏惧感。

3.父母要有稳定的情绪状态。父母的情绪会影响孩子的情绪变化和心理反应。父母在孩子面前要保持自身稳定的情绪,做到情绪自控。特别要注意的是,父母在外面有什么不顺心的事情,绝不可以把坏情绪带回家。如果父母长期情绪不稳定,久而久之会让孩子形成偏执、狭隘的性格和自私、自卑的心理。

4.父母要有尊重和真诚的目光。父母一定要注意对孩子多用柔和、真诚的目光,使孩子感到心情舒畅、身心愉悦,对生活充满信心,学习也会追求上进。无论孩子的学习、表现如何,父母都不能对孩子施以白眼、斜视、瞪眼,这样会刺伤孩子的自尊心、自信心和上进心,让孩子产生一种被亲人看不起、不信任的感觉。

5.父母要注意自己的穿着打扮。作为父母,平时在自己的穿戴上一定要加以注意,因为孩子从小生活在父母身边,最直接影响孩子的恐怕就是父母的形象了。一般说来,父母穿着要得体、整洁、朴实,要符合大众的审美观念。如果父母在孩子面前总是保持美观整洁、大方得体的外观形象,孩子就将得到非常具体的美的教育,并使孩子滋养出一种愉悦、舒适的健康心理。

与孩子交流沟通要有态度

这里的态度,指的是父母在与孩子交流沟通时表现出来的,有利于孩子健康成长的内在情感意向和外在行为动作。

在家庭教育中,如果父母对孩子的态度是积极的,孩子就会被父母的情感感染,就容易接受父母的教育和引导,从而认识到自己是优秀的、有价值的,同样也会表现出一种积极乐观、自信的情感和态度,孩子做事、学习就会变得更加努力。

在家庭教育中,父母要学会与孩子进行有效的沟通。要善于调整自己的态度,学会与孩子坦诚交心、平等地相处,给孩子以尊重、信任。

◆父母的态度决定孩子的命运

在家庭教育中,父母与孩子的交流沟通是必不可少的,父母的态度直接影响教育的效果。父母的态度决定孩子的命运。有这样一句话:"家长的态度,决定孩子未来的高度;家长的观念,决定孩子未来的宽度。"也就是说,孩子未来命运的走向,或许就掌握在父母并不在意的态度之中。

那么,父母的态度对孩子有哪些影响呢?

1. 对孩子思想品德的影响。想要让孩子成为品德高尚的人,父母就要在孩子面前做品德高尚的事。如果父母在家庭生活中,和睦相处、团结互助、有事商量、互爱互助、说话和气、热爱劳动,那么孩子就能学会这些的好品质。

2. 对孩子习惯的影响。父母要用自身的良好习惯去影响孩子的习惯。要想让孩子的房间整洁,父母就先把自己的房间打扫干净;要想让孩子进父母的房间敲门,父母进孩子的房间就要敲门;要想让孩子养成爱读书的习惯,父母在家里就应该喜欢读书,经常带孩子去书店。

3.对孩子独立自主能力的影响。要想让孩子学会独立自主,父母就要解放孩子的“嘴、手、腿”,让孩子能说会说,让孩子能做会做,让孩子能跑会跳。要尊重孩子的好奇心,激发孩子探索的兴趣。当孩子提出自己的观点和看法时,父母要多肯定,少批评,鼓励孩子按照自己的想法去做。

4.对孩子思维能力的影响。如果父母在生活中有动脑筋的习惯,就应该引导孩子在生活学习中学会了解、分析、探究。孩子一旦有了正确的思维方法和思维能力,就能正确地对待生活中的荣与辱,就能学会享受收获与成功,就能直面挫折与失败。

5.对孩子人际交往的影响。孩子往往从父母待人接物中学会如何做人,学会理解宽容、谦恭有礼。如果父母没有给予孩子尊重,孩子也会想当然地认为人就应该按照自己说的、想的去做,难以站在他人的角度考虑问题。如果父母在平常生活中斤斤计较、怨天尤人等,那孩子一定也是这样的。

◆要为与孩子沟通做准备

父母与孩子之间本该是最容易沟通,最容易相互感染的。但现实是,孩子幼小的时候,对父母的依赖性强,许多事情都会告诉父母,亲子间的沟通是顺畅的。但孩子进入青春期时,孩子的生理、心理需求发生了变化,对世界的认知也大有提高,如果父母不求变化、不思进步,还固守着原来的观念,孩子就可能会与父母逐渐找不到沟通的话题和共同的快乐。

那么,如何解决这一难题呢?父母要力争做到“六不要”。

1.不要把学习成绩看成孩子的全部。有的父母把孩子的学习当作家庭的头等大事,分数成了父母与孩子嘴边提到的最频繁的字眼,甚至孩子考多少分，也成为许多家庭气氛好坏的晴雨表。聪明的父母不会把学习成绩看成孩子的全部。

2. 不要对孩子做否定性的评价。有的父母在说话时，把“真笨”“很傻”“没用”等否定性话语挂在嘴边；有的父母指责、埋怨、负面的评价充斥着孩子的耳朵；有的父母自己想当然，看不到孩子的进步和变化，不能发现孩子的闪光点。这样，只会引起孩子的反感，不愿意与父母沟通。只有会做增值性评价的父母才能赢得孩子好感。

3. 不要在孩子面前表现出不良的嗜好。如果父母自己身上存在许多不良的嗜好，赌博、酗酒等样样在行，工作中得过且过，生活中懒懒散散，那么父母在孩子心中就没有威信，孩子会从心里看不起父母。身为父母，要以身作则，做好表率和榜样的作用。不一定要有多少金钱财物和权利地位，但一定要有良好的生活习惯，积极上进的心态，宽容大度的处事风格，有担当、有正义、有诚信、有毅力等品格。

4. 不要随随便便揭孩子的短处。孩子在成长过程中经常会出现一些问题，这是正常的，并且有时孩子对自己的问题也有愿意改正的想法，作为父母应当及时鼓励，给予诚恳的提醒，给孩子改正缺点的勇气和力量。当孩子在改变的过程中出现反复时，不要把孩子的承诺当话柄，来刺激孩子，这样会挫伤孩子的自尊心，打击孩子的自信心，加重逆反心理，以至于破罐子破摔。

5. 不要过多地在孩子面前唠叨。唠叨很容易引起孩子的反感。有些父母以唠叨代替沟通，从早到晚像念经一般。早上起床时“快点，到点了”。孩子出家门时“上课要注意听讲，放学早点回家”。孩子放学回来时，一见面就问“考了多少分，快去做作业”。父母的这些是“正确的废话”，让孩子十分反感。

6. 不要把坏情绪倾泻给孩子。孩子在父母的大吼大叫之下，或许会服从、听话，但随着孩子的长大，孩子压抑的情绪就会迸发，有的时候会出现让父母难以控制的局面。遇到孩子犯错或成绩下降时要冷静，孩子犯错和成绩起伏在所难免，要加以引导，和孩子一起纠正错误或战胜困难。当父母工作、生活不如意时，不要把不良情绪转移给孩子。

总之，只有父母有效地掌控自己的情绪，在孩子面前有良好的情感态度，才算是父母与孩子之间的沟通做好了准备，也才可能让沟通产生效果。

◆如何与孩子进行有效的沟通

当小刚听外婆说，爸妈已准备让自己转学的时候，心里十分难过，哭着质问爸妈。

“大人决定的事，还要问你同不同意？”爸爸非常生气。

“是啊，孩子，这事也由不得你，我和你爸爸也是为了你好，那边学校教育质量要好一些。”妈妈也发话了。

“可我也是这个家的人，为什么你们决定之前都不跟我说一声？”小刚还是觉得很委屈。

“好了，这事已定了。以后再有什么事，我们都先跟你商量好吗？”妈妈打圆场了。

小刚也没办法，只得听从了爸妈的安排。不知道这位妈妈说话是否算数，是否等到真有下次的时候，又把孩子完全撇在一边。

（孙海芳、陈玉霞，《优秀孩子是怎样炼成的》，有删改。）

小刚遇到的情况在许多家庭里都有，这是家庭教育中父母欠考虑的现象，没有与孩子进行有效的沟通。在日常生活中，家庭成员之间出现意见不一、认识相左是必然的，这就需要交流沟通、相互理解、消除误会，也只有这样才能找到相同点，形成共识、统一行为。

那么，如何与孩子进行有效的沟通呢？

1. 父母要与孩子坦诚交心。只有与孩子开诚布公地交心，把最真实的想法、情况说出来，给孩子一个表达的机会，才能了解孩子的内心，才知道孩子在想什么，需要什么，出现了问题后才能给予孩子适当的引导和帮助。

2.父母要与孩子平等相处。把孩子视为自己的朋友,真正的朋友是无年龄、无性别、无职位、无地位之分。与孩子平等地相处,就不能用成人的眼光、完美无缺的标准、高出孩子实际年龄的尺度来要求孩子。

3.父母要多倾听孩子的心里话。应当多让孩子说,即或是孩子真的犯了错误,父母也要静下心来,以同情和认同的态度,站在孩子的立场让他倾诉,不要打断孩子的说话,插入自己的意见与批评,要让孩子心中的感受得以完全的抒发,这样,才能减少孩子的烦恼,增加孩子的安全感,增进亲子感情,孩子才更愿意与父母交谈和沟通。

4.父母要多与孩子商量。家庭教育的方法多种多样,孩子喜欢的教育方法才是最好的教育方法。遇到涉及孩子的事情,父母要学会与孩子商量、探讨,选择的教育方法或方案尽可能是孩子欢迎并愿意接受的,这样才能调动孩子与父母沟通的积极性。

5.父母要给孩子一份尊重和信任。尊重孩子首先要把孩子看成是自由、独立、完整、有个性、有人格和有尊严的人。父母要学会尊重孩子的兴趣和爱好;尊重孩子的情绪和情感;尊重孩子的个性差异;尊重孩子的抱负和志向;尊重孩子的选择和判断及个人的意愿。这样才能与孩子进行有效的沟通。

6.父母要多给孩子温和的态度。要达到良好的沟通,父母温和的态度很关键。父母要用温和的态度代替强硬的教育方式,只有以温和的态度对待孩子,孩子才能感到关爱和温暖,才愿意向父母吐露心声,才能接受父母的意见和教育。

7.父母要选择恰当的沟通时机。通常在轻松的气氛下,孩子的精神比较放松,心情比较愉悦,可以心平气和地与父母沟通。比如,在饭桌上、家人一起散步的时候。

另外,父母与孩子沟通时应该把握一个度,每次时间不要太长,只要把想说的内容表达清楚即可,不要长篇大论。沟通的次数不要太多,高频率的沟通会让孩子反感,从而减弱沟通的效果。

◆善于倾听是最有效的沟通方式

善于倾听是最重要和最有效的沟通方式,也是沟通的前提。“一双善于倾听的耳朵胜过十张能说会道的嘴巴。”父母只有善于倾听孩子的心里话,知道孩子想什么、关注什么和需要什么,才能有针对性地给予孩子关心和帮助,也才会使以后的沟通变得更加容易。当父母能以平等的心态倾听孩子诉说的时候,孩子就会从父母这里得到安全感和信任感,亲子沟通就会变得顺畅。

一个小孩有段时间上学总迟到,老师为此找其母亲谈话。母亲知道后,没有打骂孩子。

在临睡觉前,她问儿子:“告诉我,为什么你那么早出去,却总迟到?”孩子见母亲没有责怪的意思,就说:“我在河边看日出,太美了!看着看着,就忘了时间。”母亲听后笑了。

第二天一早,母亲跟儿子一起去了河边看日出,面对眼前的景色,她感慨万分:“真是太美了,儿子,你真棒!”这一天,儿子没有迟到。

放学回家,儿子发现书桌上放着一块精致的手表,下面压着一张纸条:“今天的日出太美了,但我们更要珍惜时间,遵守学校的纪律。你说是吗?爱你的妈妈!”

(刘春芝、姜莹、韩莹,《自我发展与团队管理》,有删改。)

在这个故事里,这位母亲认真倾听了孩子迟到的理由,并针对性地采取了相应的措施,这里没有责怪,却让孩子不再迟到。

如果父母没有耐心听孩子把要说的话说完,就一味地将自己的意志强加给孩子,只会产生消极影响。一方面,孩子说的话得不到父母的重视,孩子只能把自己的秘密埋藏在心里,做父母的就很难知道孩子的所思所想,这样对孩子的教育就会无的放矢,无所适从;另一方面,孩子的说话权得不到父母的尊重,久而久之,孩子就会与父母产生对抗情绪,以至双方相互不信任,沟通困难,这样就不利于亲子关系的和谐发展。

倾听孩子的心声,要有平和淡定的心态。教育家苏霍姆林斯基说过:“教育是人与人心灵上的最微妙的相互接触。”父母要了解孩子的心愿，不能“居高临下”，要放下“架子”，以平等的态度、平和的心情，与孩子交流沟通，倾听孩子的表达，了解孩子的意愿，读懂孩子的感受，这样才能营造好适宜孩子身心健康发展的家庭教育环境。

倾听孩子的心声，要有求真务实的精神。对于一个未成年人，父母不能苛求孩子的每一个诉求和愿望。父母要秉承一种求真务实的态度，在认真倾听孩子的心声以后，认真梳理、科学分析，看这些诉求是不是合理，需不需满足，能不能实现，再去和孩子沟通。要尽量满足孩子积极向上的要求，引导孩子去除诉求中的不合理成分。

倾听孩子的心声，要有孜孜不倦的情怀。倾听孩子的声音，了解孩子的心愿，是一个长期的复杂过程。父母要有打“持久战”的思想准备，要学会关注孩子成长的每一个环节、每一个细节、每一个动态，并及时做出应对，要有耐心、信心，做到循循善诱、诲人不倦。

总之，父母要弯下身子，把耳朵贴近孩子的小嘴，把心贴近孩子的心灵，要融入对孩子的关爱、宽容、赏识、激励。只有这样，才能了解孩子的真情实感。

营造的家庭环境要有温度

这里的温度，是指家庭教育的成功离不开一个充满温情的家庭环境，离不开孩子与父母及亲人相亲相爱、和睦相处。

在家庭教育中，家庭的气氛、家庭成员之间的关系，在很大程度上会影响孩子性格的形成。美国心理学家、教育家杜威说："家庭环境对孩子的成长有着决定性的影响。孩子的心灵是纯朴天真的，他们生活在什么样的环境中，就会被造就成什么样的人。"

在家庭教育中，家的意义，在于房子里有至亲至爱的父母，有关怀、有亲情、有游戏、有争辩等。聪明的父母善于在愉悦的、温暖的氛围中达成教育孩子的目的。父亲和母亲对孩子的教育要互相配合、协调一致。

◆营造良好的家庭教育环境

家庭是孩子生长发育和接受教育的场所，要想让这个场所发挥其重大作用，父母就必须努力营造良好的家庭氛围。

家庭氛围，就是指孩子所处的环境气氛和情感状态，是家庭成员在相互影响、相互制约过程中所造成的某种心理情绪和环境气氛。每个孩子的个性发展与形成，取决于孩子的成长环境，其中，家庭是影响孩子成长的主要环境。

家庭是孩子的港湾，是孩子真正的避风港。父母是孩子最亲近、最直接的模仿对象，决定着孩子的心理定势和性格特征。

好的家庭环境可使孩子性格活泼、开朗、大方、好学、诚实、谦逊、合群、求知好奇、爱劳动、爱清洁、守时守信等。反之，不好的家庭环境可以毁掉一个人,可使孩子胆怯、多疑自私、嫉妒、孤独、懒惰、任性、不懂礼貌、言语粗俗等。好的物质环境不等于就是好环境,贫乏的物质环境不等于是坏环境。环境的好坏主要看是否有一个适合孩子成长的氛围,而这个氛围又往往需要父母用心用情营造。

司马光六岁开始读书。

起初,他对所学的东西不能理解,背书也记不住,往往是同窗们都背会了,他还没背出来。父亲知道了,就告诉他:读书不能只是机械地背诵,还要勤于思考,弄懂意思,诵读与理解并重。于是,别人做游戏时,他不去,一个人找个清静的地方苦苦攻读,直到把书背得滚瓜烂熟为止。很快,他的学业进步了。对学习的兴趣也越来越浓厚。

第二年,他开始学习《左氏春秋》,书不离手,句不离口,刚听完老师的课,他就能够明白书的大意,便讲给家里的人听。渐渐地像着了迷一样,常常因学习忘了吃饭睡觉。

父亲不仅关心他的学业,而且在做人上也对他严格要求,以培养他的优秀品格。

在父母的教诲下,司马光到了15岁,便"于书无所不通,文辞醇深,有西汉风"。而且,学到的知识都很扎实,以至"终身不忘"。

后来,他经过历时19年的呕心沥血,完成了编年体巨著《资治通鉴》。

(王建民,《中国好家长 中学生家长篇》,有删改。)

这个故事告诉我们,良好的家庭教育环境对孩子的成长很重要。

那么,一个良好的家庭环境有怎样的特点呢?

1.一个让孩子适宜的生活环境。家庭是孩子基本固定的生活场所,孩子的大部分时间是在家庭中度过的,孩子的生活生存无法离开家庭,所以,父母要为孩子营造一个良好的生活环境,一个舒适、宁静、温暖的家。即使每个家庭因经济状况、住房条件各不相同,只要适宜孩子生活,就是好的家庭环境。

2.一个家庭成员互敬互爱的环境。家庭成员之间充满着关爱、信任和鼓励,家庭中洋溢着亲情、温暖和幸福。孩子在这样的环境中被长期熏陶，自然学会和养成热爱亲人、热爱生活、热爱学习，憧憬着美好的未来。父母关爱孩子理所当然，教育孩子孝敬父母也应是顺理成章。夫妻之间也要相互关爱，彼此关心和照顾。有的家庭里还有老人，要敬老孝顺。

3. 一个家庭成员和谐相处的环境。家和万事兴，家庭成员和谐相处是每个家庭的幸福。在家庭里，孩子往往是最活跃的成员，父母与孩子之间的关系是一种最基本、最重要的家庭关系。父母与孩子间关系融洽、和谐是孩子身心健康发展的保证。要创造和保持和谐的家庭氛围，父母首要任务是能控制自己的情绪。语言文学大师季羡林说："温馨，家庭不可或缺的气氛。"父母要珍惜家庭、爱护家庭、营造家庭和谐氛围。

4. 一个有良好作息时间的环境。家庭要形成比较固定的生活作息时间，包括休息、吃饭、娱乐、工作、学习等，每个家庭成员都要自觉遵守，这样才会让孩子从小就有时间观念，为今后走进学校、社会，自觉遵守集体纪律，维护社会秩序，讲究社会公德的良好品行的形成打下基础。

5. 一个有良好生活习惯的环境。孩子的生活习惯完全受父母的影响，父母的生活习惯决定孩子的生活习惯。如果父母饭前便后洗手，定时换洗衣物，不随地吐痰、乱扔脏物，经常清洁卫生、按时打扫房间，孩子从小就一定有良好的卫生习惯。

6. 一个充满民主平等氛围的环境。一个民主、平等的家庭，父母和孩子是朋友，能站在孩子的角度想问题，能给予孩子信任和自由，能激发孩子的兴趣、丰富孩子的情感，孩子的个性能得以张扬。父母与孩子平等交流，不对孩子提出过高的期望，也不会对孩子放任不管。既要关心孩子的学习、生活，又要注重培养孩子的思想道德、意志品质。

7. 一个充满浓郁读书氛围的环境。有条件的家庭，父母要营造家庭文化气息，要营造浓郁的读书氛围。父母要有看书学习的习惯，要读一些孩子的课外读物，并和孩子一起品评、讨论，分享其中的愉悦，要抽出时间陪孩子一起漫步公园、商场购物，欣赏大自然的奇异风光和观察人间百态，交流各自的感受。这种环境中成长的孩子，既会从父母那里学到良好的学习方法，也会受到精神的感染。

总之，家的存在，确定了父母子女间的血缘关系、抚养关系、情感关系，孩子在伦理道德和物质生活的需求方面对父母有很大的依赖性，决定了父母对孩子的成长有较大的制约作用。所以，父母一定要苦心、精心、耐心地营造好孩子成长的家庭环境。

◆孩子需要父母陪着成长

家的意义，不仅是房子的存在，更多的意义在于房子里有孩子、父母，有温暖、有亲情、有游戏、有争辩等。孩子的心灵在这里存放和放飞，孩子在这里汲取各种营养。如果家里没有父母，或者父母很少在家，孩子得不到父母应有的陪伴，那么，家对于孩子意味着缺失，或者孤独。

现实中，有的父母只顾自己玩耍；有的父母忙着挣钱，把孩子交给老人照看；有的父母官场追逐，忙着应酬；等等。父母各自都有理由，舍不得花时间陪伴孩子。没有共同时间的家庭，其实是虚拟的家庭，家庭教育也成为虚设。与孩子没有共同的时间，或时间很少，也就倾听不到孩子的心声，也就不能了解孩子的心理需求，看不清孩子成长的脚步，当然，也不可能随时拨正孩子前进的方向。没有共同时间的亲子关系，便失去相互沟通、分享快乐的土壤和阳光。

"失陪"让孩子缺少家庭的温暖和关爱，对孩子的成长不利。孩子的身心发展需要父母积极的引导，需要父母的陪伴。孩子只有在情感获得满足后，才能够更主动去探索世界。

一位父亲下班回家已经很晚了，发现他的5岁的儿子靠在门旁等他。"我可以问一个问题吗？""爸爸，你1小时可以赚多少钱？""假如你一定想知道的话，我1小时赚50元。""爸爸，可以借我30元吗？"父亲非常生气，约1小时后，他平静下来，开始想着自己可能对孩子太凶了，或许孩子真的很想买什么，再说他平时很少要过钱。

于是，父亲走进儿子的房间，给了孩子30元。"爸爸，谢谢您。"小孩欢笑着从枕头底下拿出一些被弄皱的钞票，慢慢地数着。"为什么你已经有钱还要?”“因为这之前还不够,但我现在够了。”孩子回答,“爸爸,我现在有50元了,我可以向你买1个小时吗?明天请早一点回家——我想和你一起吃晚餐。”

(唐继柳,《二十美金的价值》,有删改。)

时间可以换取金钱,但不可以换取比金钱更贵重的亲情和快乐。忙,不是理由,是借口。

心理学研究表明:孩子从出生起(0—12岁),将有多年的无助与依赖,正是在这些岁月里,孩子身边有养育人日日夜夜的照看与哺育,才使孩子一生对养育人有不可消失的情感联系。即使是亲生的父母,如果没有守在孩子身边日复一日地付出和艰辛地抚养,没有让孩子形成对父母的声音、相貌和气味的记忆,没有形成那种无法言说的依恋,也就失去了对孩子的那种真正、永久的心理影响力与教育力。

孩子成长中的每一个脚印都不可重复,许多的事情,一旦错过都不可挽回。英国教育家夏洛特·梅森曾说:“很多父母总是终日奔忙,从来无暇顾及孩子。当他们终于有一天想好好关心孩子时,发现竟然无法与孩子进行沟通,父母对孩子已经变得无足轻重。”因此,作为父母应当多陪陪孩子,陪孩子一起玩耍、一起做事、一起作业,开展家庭集体活动,这样父母才会与孩子有共同语言,孩子才不会孤独。

斯宾塞的《快乐教育法》建议,父母应多花时间与孩子在一起。

与孩子一起共进晚餐

吃饭的时候往往是家人可以进行有趣谈话的唯一时刻。连最忙碌的家庭,每个星期也至少可以安排一两个晚上大家一起轻松地用餐。晚餐是一家人建立感情的时间,一家人坐在一起享用食物可不是件随随便便的事。

跟孩子约会

魏斯迪,一位住在威斯康星州的父亲,他说想不出比带9岁大的女儿出去吃早餐或晚餐更好的方法了。他说:“面对面坐着聊天,彼此一问一答,跟爸爸约会,让我女儿知道,她对我而言是非常重要的。”孩子长到八九岁时,是开始父子或父女约会的最好时机,“不要等到他已经20岁,那已经太迟了”。

让孩子跟父母一起度假

蓝帝是住在德州的一位农场主人，他和家人一起开车去度假，这样蓝帝才能够有更多的时间和孩子们在车上谈话。窗外的风景一晃而过，父亲跟孩子在车内谈了许多事。

安排专门时间

安排专门时间和孩子一起活动，可以很好地解决父母较少与孩子在一起的问题，可以较容易而又行之有效地加深父母与子女之间的关系。对于那些沮丧的、经常责备自己不够称职的父母而言是一剂良药。当父母使用专门的时间致力于改善与子女的关系时，内心深处的对于爱和亲密关系的需求也会得到一定的满足，还会充分体验到身为父母的自豪感。安排专门的时间和孩子在一起是以一种活泼的形式倾听孩子，孩子可以向父母讲述自己的生活和感受。

父母应该在工作、娱乐与陪伴孩子中寻求平衡。尽可能让孩子跟随自己生活，即便暂时无法改变现状，也要想方设法，尽量在休假时陪孩子散散步、谈谈心，教孩子学会生活、学会休闲、学会学习，带孩子走出家门，一起看风景、爬山，一起亲近大自然。

即使工作需要不得不出差时，也不要忽略了孩子，应当每天抽出一点时间给孩子打电话，有条件的可以通过网络视频聊天，关心孩子的身体与学习情况。父母学会聆听孩子的趣事，和孩子一起欢笑；倾听孩子的烦恼，并给孩子出主意，帮助孩子走出烦恼，找到快乐。

父母陪伴孩子，要注意质量，有的父母即使有时间陪伴孩子，但大多数时候是各玩各的，比如，父母在一旁玩手机，人在心不在，孩子独自玩耍。其实，大多数孩子是懂事的，如果父母确实忙不过来，只要父母没有忘记他们，时不时地过问一声，孩子是能理解父母的，也会乖乖等候。

◆让家庭生活中充满幽默

幽默是一种特殊的情绪、语言、行为表现。它是人们适应环境的工具,是面临困境时减轻心理压力的方法之一。俄国文学家契诃夫说过:"不懂得开玩笑的人,是没有希望的人。可见,生活中的每个人都应当学会幽默。多一点幽默感,少一点气急败坏,少一点偏执极端,少一点你死我活。"家庭中的幽默可以淡化家庭成员的消极情绪,消除沮丧与痛苦,处理烦恼与矛盾,使大家感到和谐愉快,相融友好。

幽默是一种气质,一种境界,一种从容不迫的人生态度。

幽默是一种能力,一种与人沟通的能力。

幽默是一种艺术,一种运用幽默感来增进人际关系的艺术。

幽默善意的微笑代替抱怨,使我们的生活变得更有意义。

西方人尤其是美国人一向将幽默视作创新能力与国民素质的核心部分,并把幽默感培养作为情商教育的有机组成。一些父母甚至在婴儿出生6周时便开始对其进行独特的早期幽默感训练。

父母的幽默细胞不是生来就具有的,需要父母平时对幽默素材进行积累,在生活中思考和发现;需要父母广泛涉猎,充实自我,不断从浩如烟海的书籍中收集幽默的浪花,从名人趣事的精华中撷取幽默的宝石。幽默是智慧的闪现,而知识是智慧的核心。

1.父母想培养幽默感,就必须学会宽容。幽默是一种宽容精神的体现。只有理解、宽容他人,学会雍容大度,克服斤斤计较,才能有效地表现幽默。

有一天夜晚,巴尔扎克正在睡觉,有个小偷爬进他的房间,在他的书桌里乱摸。

巴尔扎克被惊醒了,但并没有喊叫,而是悄悄地爬起来,点亮了灯,微笑着平静地说:"亲爱的,别翻了。我白天都不能在书桌里找到钱,现在天黑了,你就更别想找到啦!"

(徐先玲,《使人开心的幽默故事》,有删改。)

2. 父母想培养幽默感，就要乐观生活。乐观与幽默是亲密的朋友，生活中如果多一点趣味和轻松，多一点笑容和游戏，那么就没有克服不了的困难，也就不会整天愁眉苦脸、忧心忡忡了。一个有幽默感的人，能随时发掘生活中有趣的事情，保持自信的精神状态。乐观有利于幽默生长，幽默会给家庭带来乐观。

爱迪生在发明电灯的过程中，试验灯丝的材料时，失败了一千二百次，总是找不到一种能耐高温又经久耐用的好金属。这时，有人对他说："你失败了一千二百次了，还要试验下去吗？"

"不，我并没有失败，我已经发现这一千二百种材料不适合做电灯丝。"爱迪生说。

爱迪生就是以巨大的幽默的力量，乐观面对失败，在挫折中找到鼓舞。最后，他克服困难，获得成功。

（《世界名人传记：爱迪生》，有删改。）

3. 父母想培养幽默感，就要培养洞察力。幽默是对生活的洞察，是对事物本质的敏锐捕捉。父母要有意识地培养自己机智、敏捷的能力，这样才能迅速捕捉事物的本质、生活的妙趣，并以恰当的比喻、诙谐的语言表现出来。

加拿大的一位外交官斯切特·朗宁，1893年生于我国湖北，是喝中国奶妈的乳汁长大的。他回国后，在三十岁时竞选议员，当时反对派诽谤、诋毁他，说："你是喝中国人的奶长大的，你身上一定有中国血统。"

朗宁沉着地回击道："据权威人士透露，你们是喝牛奶长大的。你们身上一定有牛的血统。"

经朗宁的机智驳斥，最后在此次选举中获得了成功！

（卜晓斌，《关键对话 如何高效能沟通》，有删改。）

4. 父母想培养幽默感，就必须有创新思维。"幽默家是逻辑家，喜欢荒诞地说着话，并且从一种特殊的观点去观察人生。"幽默需要创新思维，只有跳出常规的圈子，才能创造出自然奇巧、出人意料的幽默。

一天，小熊问妈妈："妈妈，什么是幸福啊？"

熊妈妈说："孩子，你到大森林里去问问。"

于是，小熊就自己走到森林里，到处问动物们什么是幸福。

可是小兔子、小猴子、小狮子都说不知道。小熊仍然不放弃，他在森林里转了一圈又一圈，可是仍然不知道什么是幸福。

傍晚，小熊又累又饿地回家。

回到家后，他发现家里摆满了又香又好吃的饭菜。小熊很感动，可是他还是想知道什么是幸福，他再问妈妈。

熊妈妈摸了摸他的头，说："最大的幸福，就是熊孩子一天不在家。"小熊羞愧地低下了头。

（引自：https://new.qq.com/omn/20191016/20191016A0053A00.html，2021.6.2，有删改。）

幽默是称职的父母最优秀的品质之一。正如英国的鲍门所说："高尚的幽默隐含了生活的全部哲学，它不仅仅是对无知的嘲讽及对笑话和故事的掌握。真正的幽默者能够像从口袋掏东西一样，自然而然地流露和反映出来，而不需要花大力气。"

其实，高尚的幽默是父母思想、学识、阅历、经验、智慧和灵感的结晶，是一瞬间闪现的光彩夺目的心灵火花。父母只有知识渊博，才能谈天说地；父母只有虚怀若谷，才能言谈隽永；父母只有思绪如泉，才能妙语连珠。

幽默是父母与孩子沟通的有效方式。世界上有人拒绝痛苦，有人拒绝忧伤，但决不会有人拒绝笑声。每个孩子都是幽默大师，他们天真的童言就是最好的证明。父母用幽默的方式和孩子沟通，解决孩子出现的问题，往往能收到意想不到的效果。

传统观念认为，父母在孩子面前要保持威严，使孩子畏惧父母如鼠畏猫，才有利于教育。随着社会的发展，时代的进步，和谐社会的来临，家庭生活、家庭教育离不开幽默。风趣幽默的教育触动的是孩子活泼的天性，能在孩子的心灵中留下不可磨灭的印迹，使孩子时刻以此警示自己。

幽默是父母进行家庭教育的手段。父母如果经常用幽默的方法寓教于乐，再顽皮、再固执的孩子也会转变的。父母要想教育好孩子，就要多亲近孩子，了解孩子的需求和愿望，放下架子，和孩子开点适当的玩笑，讲点幽默故事和笑话。孩子无心做了错事，也不一定非板起面孔训斥不可，有时可说句幽默的话，减轻孩子的不安。这样做，不仅不会有损父母的威严，还能增加感情交流，和孩子相处得更融洽，使孩子学会幽默，学会轻松自如地处理所遇到的各种难题。家庭教育中的幽默具有一般幽默的感染性、高雅性、机智性、含蓄性、启发性，又具有自身特殊的教育性。

父母在使用幽默时，要把握分寸。父母不能为幽默而幽默。如果脱离孩子的年龄、认知等，一味调笑逗乐、插科打诨，则会弄巧成拙，影响家庭教育的效果。要注意，家庭的大事情和原则问题不能因幽默而马虎，不同问题要不同对待，在处理问题时要有灵活性，做到幽默而不俗套。幽默是把双刃剑。适度的幽默让人如沐春风，心灵宁静，一旦运用过度，就会哗众取宠，甚而伤害他人。幽默不是耍贫嘴，不是出洋相、现活宝。它是一种高尚的情趣，一种对事物矛盾性的机敏反映，一种把普遍现象戏剧化的处理方式。

总之，幽默是父母不可或缺的一种教育艺术，聪明的父母善于运用幽默来与孩子沟通，巧妙地利用幽默来管教孩子，在愉悦的、温暖的氛围中达到教育孩子的目的。

◆父母的教育思想要统一

现实中，父母在教育孩子的问题上存在意见不统一，教育行为有掣肘的现象。有的家庭教育中，父母对孩子的要求、标准等可能有差异。父亲禁止的事情，在母亲那里可以放行；母亲提倡的事情，父亲反对。一方严厉惩罚，另一方却心疼地弥补的现象在家庭中屡见不鲜。当然，如果是父亲对孩子严格，而母亲表现慈爱，这样的不统一，另当别论，是好事。关键是父母对孩子的期望要一致，在具体的教育过程中，父母对待孩子的方式方法要一致。

有的父亲或母亲为了按照自己的方法教育孩子，而当着孩子的面批评另一方，甚至相互指责、发生争吵。孩子会想，父母都争争吵吵，谁也说服不了谁，还来教育我。这样的家庭需要先调和好夫妻关系，在孩子教育问题上统一思想，只有这样才能营造良好的家庭环境，才能保障孩子的身心健康。

有的家庭中，爷爷奶奶、外公外婆与父母之间，在教育孩子的过程中经常出现观念上的冲突、内容上的矛盾、方法上的不同等情况，而且大人之间不怎么商量，喜欢各行其是，各执己见，有时候甚至在孩子面前争吵。当母亲唠叨的时候，爷爷可能会打圆场，当父亲训斥孩子的时候，奶奶可能站出来护着孩子，这样就造成了家庭教育的混乱。

有的家庭中，当孩子取得成绩时，父母争“功”，说“这是我教育的成功”，而当孩子犯了错误、出了问题时，父母都互相推诿、指责对方“你看，都是你把孩子教坏了”。长此以往，让孩子有空子可钻，即使犯错也不会主动承认。

如果一个孩子同时接受父亲和母亲不一致的教育，接受父亲和母亲给予的两种要求、期望、价值观，得到父亲和母亲给予的两种评价，这对孩子的成长是十分不利的。

1.父母教育的不统一，容易弱化父母双方的教育，不利于孩子获得成就感和价值感。

同事讲：她在家里做菜时，孩子也来厨房，于是她便教孩子做菜，孩子也高兴学。这样，孩子就掌握了几种菜的做法。

一天，孩子做了一道番茄炒鸡蛋，她拿着筷子尝了一口说：“太好了！”，而孩子的爸爸在旁边接话说：“好什么！净做些不务正业的事！”

每当这时，孩子不知道应该听从她的，还是听爸爸话。即便是孩子相信一方，那么另一方的反对意见也会让孩子产生潜在的自我怀疑。

这样不仅会让孩子无所适从，还会混淆孩子的是非判断标准。孩子小时候不知道该听谁的，长大后也可能谁的话也不听，父母谁也管不了，在这种环境下长大的孩子，做事情也常会表现出患得患失、举棋不定，有的成年人甚至出现多重人格。

2.父母教育的不统一，容易让孩子钻空子，产生投机心理。

有位爱逃学的孩子，一次逃学后，被父亲狠狠地教训了一顿，孩子十分害怕，这个时候，母亲却走过来把孩子拉到旁边，一边安慰孩子，一边指责丈夫，生气地说：“孩子还小，错误要慢慢改，急什么！你小时候还不是逃过学。”

母亲这样的做法，就会减弱父亲教育孩子的力度，可能让孩子意识不到错误。因为母亲的态度让孩子感觉父亲是不对的或父亲的教育过分了，是不公平的，下次再犯错误的时候很可能抱有这样的幻想：“有妈妈呢！”让孩子产生投机心理。还容易影响父母教育孩子的威信。

3.父母教育的不统一，容易削弱孩子的生活自理能力，形成一些不良习惯。

曾经有位女家长给我讲，孩子他爸过于溺爱孩子，要什么给什么，生怕孩子吃一点苦，家里好吃的，首先满足孩子，不让孩子做一点点家务。

她一管，孩子爸总说孩子还小，长大了自然就知道了。

夫妻为此多次吵嘴，渐渐地孩子就不听她的了，坏习惯慢慢就形成了。

这样溺爱下的孩子，依赖性强，易形成胆小、自私、不宽容的性格。反之，如果对孩子过于严厉，甚至动辄打骂孩子，等孩子到了青春期，孩子可能会严重叛逆。

那么，父母怎样做，才能做到对孩子教育的统一呢？

首先，父母要统一对教育的认识。面对孩子的教育，父母要高度重视。教育孩子是一个漫长的过程，父母双方在教育孩子的问题上，不能长期存在意见差异。统一教育观念是改善亲子关系、保证教育效果的大事。教育孩子是父母共同的责任和义务，把孩子教育的成功，看成父母共同的成功。

其次，父母要不断地学习和交流沟通。父母要明白，孩子要健康和谐地成长，只靠父母其中一方的教育，显然是不够的。家庭教育需要父母经常交换心得，这样，在教育孩子时，父母才可能做到态度统一，口径一致。遇事要相互协商，对一些不懂或棘手的地方，要善于请教取经，要善于看书学习。

再次，父母要学会相互理解和尊重。当父母对孩子的教育意见不一致时，不要当着孩子的面批评另一方，这样，会因被批评方在孩子心中的形象受到影响而削弱教育力度，要避开孩子两个人商讨一个最好的解决方法；即便不能统一，也要尽量避免产生明显的对立，至少让孩子感到父母各有各的道理。只有父母平等相待，遇事相商，相互尊重，相互理解才能意见统一，形成教育合力。

总之，对于一个家庭来说，孩子所受到的教育是来自父母的合力。父母双方在教育孩子的要求、方法、态度上首先要协调一致，并相互配合，应宽则宽，应严则严，在孩子面前树立起慈祥而威严的父母形象，使孩子容易接受父母的教育。

构建和谐的亲子关系要有信度

这里的信度，是指父母与孩子之间的信任程度。信任是家庭和睦的凝合剂，是孩子健康成长的阳光雨露。

在家庭教育中，父母与孩子之间的信任程度如何，直接影响家庭教育的成败和家庭的幸福指数，甚至决定着家庭未来的发展状况。信任为父母与孩子之间的交流沟通提供了保证。父母对孩子的信任，代表着父母对孩子的肯定和认可。当孩子感受到来自父母的信任时，孩子会更加自信和努力。

在家庭教育中，为了构建家庭的信任度，父母一定要言行一致，以身作则。要懂得只有当父母信任孩子时，孩子才信任父母，才不会撒谎。

◆信任是家庭和睦的凝合剂

信任是家庭幸福的源泉，如果没有信任，一切都无从谈起，生活将会一团糟，没有家庭幸福可言，没有孩子快乐成长可言，没有良好的家庭教育可言。信任是家庭和睦的凝合剂，是孩子健康成长的阳光雨露。

信任是坚实的依靠，犹如暗夜中为自己亮起的一盏明灯。有了信任，可以让迷茫、困惑和精神恍惚之人得到安慰，得到安全感。信任是一种激励，是一种自我价值得到肯定而获得的精神满足，是人性中固有的需要。

与成人相比，孩子更需要在温暖可靠的信任和理解中去学习和探索，在信任中改正错误。孩子在成长历程中，总是渴望得到父母的赏识、尊重、信任。如果孩子的表现能得到父母的肯定，孩子的自信就会树立起来，孩子与父母的关系就会更加融洽。

1996年，美国有一位身无分文的青年，他特别看好电子商务，并下决心在这个领域发展自己。那么资金的问题如何解决呢？

他首先想到了父母，当时他父母有30万美元的养老金。当他向父母说明了他的用意后，他的父母只商量了一会儿，就把钱交给了儿子，并说道："我们对互联网不了解，更不知道什么是电子商务，但我们了解、相信你——我们的儿子！"

这位青年就是亚马逊的首席执行官——贝索斯。

（王阔，《不打不训教育孩子》，有删改。）

不能说贝索斯的成功完全归功于他的父母，但他父母所起到的作用确实非常重要。除了先期的资金支持外，更为重要的是他们的信任给贝索斯带来了无穷的精神力量。

具体地讲，父母信任孩子，对孩子的健康成长有何意义呢？

1. 信任能让孩子心情舒畅，是孩子积极向上的保证。有人说：哪怕世上所有的人都看不起我们的孩子，做父母的也要眼含热泪地欣赏他、赞美他，为自己创造的生命而自豪！父母只要记住这句话，就一定能赢得孩子的信任。孩子在父母那里经常得到的是赞许、表扬，孩子就会认为自己是一个有能力的人，行动表现将更加积极、果敢，而且情绪稳定，有自信心。

2. 信任能让孩子克服困难，为孩子提供勇往直前的力量。如果孩子在失败和犯错误时得到父母的宽容和理解，孩子就会得到莫大的鼓励，增添无穷的自信心和动力。信任让孩子在挫折和失败中不断地自我教育，从中吸取经验和教训，从而不断成长，不断进步。

3. 信任能让孩子学会自尊自爱，是孩子健康成长的前提。对孩子的某件事、某句话，在没有证实它是谎言之前，父母要给予孩子高度的信任，这样孩子也才会信任父母。这种良好的亲子关系，会让孩子向父母敞开坦诚之门，撤去撒谎的屏障，使孩子在信任中自尊自爱，在信任中健康成长。

4. 信任能让孩子有一个自由成长的空间，父母的信任是孩子获得快乐的保证。如果父母选择信任孩子的决定，孩子就会对父母的信任表示感激，并全力以赴为自己的决定而努力，家庭关系就会变得健康、和谐、融洽。孩子生活在这样的家庭中，才会感到快乐。反之，如果孩子生活在不被信任的环境里，结果会截然不同。

5.信任能让亲子关系走向良性循环，是亲子交流沟通顺畅的基础。如果父母平时除了关心孩子的生活之外，还了解孩子的所思所想、所需所求，把孩子放在与自己平等的地位上，当孩子遇到事情时由孩子自己拿主意，父母当好参谋，那么，以后孩子遇事就会有主见。父母要学会遇事多与孩子商量、沟通，这样孩子就会真正感觉到自己是家庭中的重要一员。孩子从父母那里得到爱、尊重和理解，反过来也会尊敬、爱戴父母。

6.信任能让父母走进孩子的心灵，是消除误解的保障。只有有了信任，父母才能够真正领会到孩子的想法，才不会用成人的思维定式去误解孩子，做不到这一点，就谈不上家庭教育。信任是一条阳光通道，使亲子之间能走进对方的心灵深处，使亲子之间默契配合、团结友爱。

总之，在家庭里，信任是爱的表现，是最好的激励，是彼此沟通的桥梁、交往的基础。一个信任的眼神，是最美的肯定或者原谅，可以化解矛盾的坚冰；一句信任的话语，足以让人刻骨铭心，永生难忘。有信任才有教育。

◆父母的言行要一致

父母的一言一行都在孩子的视野中，父母的言行往往对孩子有潜移默化的作用。父母只有言行一致，才能与孩子建立起良好的信任度。

父母不仅要会说能说，还要身体力行，承诺的事一定要兑现，这种言行一致的作用是显而易见的，能够让亲子之间建立起信任感。

一个晴朗的早晨，曾子的妻子出家门没走多远，儿子就哭喊着从身后撵了上来，吵着闹着要跟着去。孩子不大，集市离家又远，带着他很不方便。因此曾子的妻子对儿子说："你回去在家等着。你不是爱吃酱汁烧的蹄子、猪肠炖的汤吗？我回来以后杀猪就给你做。"儿子一听，立即安静下来，乖乖地望着妈妈一个人远去。

曾子的妻子从集市回来时，还没跨进家门就听见院子里捉猪的声音。她进门一看，原来是曾子正准备杀猪给儿子做好吃的。她急忙上前拦住丈夫，说道："家里只养了这几头猪，都是逢年过节时才杀的。你怎么拿我哄孩子的话当真呢？"曾子说："在小孩面前是不能撒谎的。他们年幼无知，经常从父母那里学习知识，听取教诲。如果我们现在说一些欺骗他的话，等于是教他今后去欺骗别人。虽然做母亲的一时能哄得过孩子，但是过后他知道受了骗，就不会再相信你的话。这样一来，你就很难再教育好自己的孩子了。"

曾子的妻子觉得丈夫的话很有道理，于是心悦诚服地帮助曾子杀猪去毛、剔骨切肉。没过多久，曾子的妻子就为儿子做好了一顿丰盛的晚餐。

（刘敬余，《中国古代寓言》，有删改。）

曾子言而有信，诚实无欺。作为父母，都应该像曾子夫妇那样讲诚信，只有诚信，才能收获信任，正所谓身教重于言传。

如果有些事父母做起来有困难，只要父母能坦诚地与孩子沟通，是能够被孩子理解的，也是能建立起信任感的。

小刚4岁时。晚饭后的时间是他的动画片时间。

一天，小刚看得兴起，妈妈就关电视，小刚哭闹不停。最后，爸爸答应周末带他去游乐园玩一天。

结果到了周末，爸爸又有公司的事要忙，觉得孩子应该早忘了这事，就没有带孩子去游乐园。可小刚没忘，晚上爸爸回到家，小刚问爸爸为什么说话不算话。

父母对孩子的失约，要做好沟通工作，勇于向孩子道歉，让孩子对父母的失约能够理解，这样才不会影响彼此之间的信任。

父母言行一致的家庭，父母相信孩子，孩子信任父母，父母与孩子之间相互理解、相亲相爱，孩子充满自信，懂得感恩，有毅力，有上进心，有困难大家一起扛，有快乐大家一起分享。

父母言行不一致，就会在孩子面前失信。长此以往，孩子就会感受到矛盾、失望，心灵会扭曲，做事缺乏主见，遇事摇摆不定、不果断，常常陷于彷徨和茫然，甚至感觉父母的语言教育是一种欺骗。这样，父母在孩子心目中威信扫地，孩子对父母的信任感降低或没有信任感。无论是父母没有威信，还是孩子对父母的信任感降低或没有信任感，都是不利于家庭教育的。父母说的话孩子不爱听了，与孩子的沟通就会受阻，孩子也会逐渐养成言而无信、言行不一的处事风格，做起事来拖拉、得过且过，缺乏上进心和意志力。

总之，为了构建家庭的信任度，为了孩子的健康成长，父母一定要言行一致，以身作则。希望孩子有什么样的德行，做父母的首先要做好自己的事，以身作则，不要成为"说话的巨人，行动的矮子"。

◆信任需要精心培养

教育从根本上讲，是建立在一种情感关系基础之上的，良好的教育依靠良好的情感关系来维系和推动。如果父母和孩子之间能保持和谐、融洽、信任的关系，则胜过一切形式上的教育。

蔡老师的孩子茜茜读小学一年级。

有一次，茜茜想独自去找同一小区的同学玩，蔡老师没有答应。茜茜非常正式地跟蔡老师说："妈妈给我一次机会，相信我吧，我肯定没有问题。"面对孩子近似祈求的语气，蔡老师给了孩子机会。虽然，蔡老师还是不放心，担心着孩子，但心里不断地告诉自己要相信孩子。

两个小时后，茜茜高高兴兴地回来了，一种自豪的表情挂在脸上，还把在同学家玩耍的经过讲给蔡老师听。

从这以后，蔡老师经常叫茜茜到小区超市买一些小东西。茜茜感觉到妈妈对她的信任，变得懂事多了，还告诉蔡老师学校发生的故事，讲很多知心话，把蔡老师当成她的一个好朋友。

唯有信任，才可能让孩子愿意把自己的心交给父母。蔡老师信任孩子，也收获了孩子对自己的信任。

在现实中，有的父母不信任自己的孩子，严格管理孩子、监督孩子的行为，不敢放手让孩子做事；有的父母，在孩子做错事后，不是先倾听孩子把事情说清楚，而是片面猜测事情的真相，甚至控制不住情绪，打骂孩子和惩处孩子。父母要知道，没有信任将是非常可怕的，会严重影响父母对孩子的教育效果。

每个人都希望得到别人的信任，孩子也是一样。那么，如何与孩子建立信任感呢？

1.父母要学会尊重孩子。信任本身是一种尊重，让孩子感受到来自父母的信任，那就是尊重孩子。父母要学会尊重孩子的想法、愿望，遇事多与孩子商量；要学会用赏识和尊重换取孩子的信任；要学会尊重孩子的小伙伴；要学会尊重孩子隐藏的秘密。当孩子想要向父母表达他的想法和观点时，父母要给足时间和空间，耐心倾听孩子的话；当孩子要求和父母一起游戏或活动时，父母不要置之不理，甚至训斥孩子，而应该尽力配合。

2.父母要无条件相信孩子。父母要相信自己的孩子，不拿自己的孩子与其他孩子做无谓的比较。对孩子要欣赏优点，尽量包容缺点，要知道世界上没有完美的孩子，再完美的孩子都有自己的缺点。教育家陶行知曾经说过："教育孩子的全部秘密在于相信孩子和解放孩子。相信孩子，解放孩子，首先要赏识孩子。"孩子在成长的道路上，往往会经历不断尝试、不断体验的过程，在这个过程中，孩子需要得到父母的信任。

3.父母要真诚地做孩子的朋友。父母要学会和孩子谈理想，说学习，论职业，议为人处世之道，谈论爱情观、交友观等，和孩子打成一片，一起玩耍，甚至一起"胡说八道"。父母做错了事要敢于认错，不要以势压人，也不要遮掩和狡辩。如果条件许可的话，父母还要多花些时间了解时下流行的东西，无论是偶像、游戏，还是流行的服饰、音乐等。

4.父母要做到言出必行。孩子往往将父母的许诺当成誓言。只有当父母所说的话是真实的，孩子才会相信父母，如果做不到，就不要轻易许诺孩子。在平常的生活中，父母要讲信用，为孩子树立诚信的榜样。父母是孩子最早的老师，在孩子面前一定要讲诚信，不能说话不算话。对孩子一旦做出承诺，就要牢记于心，提醒自己及时兑现。如果因为某些原因确实没有办法兑现的,也应该及时向孩子说明情况,并且真心地表示歉意,和孩子商量应该用其他什么样的方式进行弥补。

总之,父母对孩子的信任,代表着父母对孩子的肯定和认可。当孩子感受到来自父母的信任时,孩子会更加自信和努力。

◆引导孩子诚实不撒谎

在家庭生活中,有的孩子说话做事不诚实,总喜欢撒谎。孩子撒谎有目的性和非目的性之分,具体表现为以下情形:有意性谎话、善意性谎话、社交性谎话、逃避性谎话、获利性谎话。

孩子在父母面前撒谎,如果不加以纠正和制止,孩子就会养成撒谎的习惯;如果孩子从撒谎的过程中得到了甜头,便会一发而不可收拾,最终成为虚伪的、不可信赖的人。

对有撒谎习惯的孩子,父母必须正视与准确分辨孩子的谎言,下大力气去教育、引导孩子。

司马光五六岁时,一天,他想吃青核桃,姐姐替他剥皮,却怎么也剥不开。姐姐走开后,一个女仆把青核桃放在开水里烫了一下,皮就很容易剥了下来。姐姐回来一看,便问是谁剥下来的,他说是自己剥的。这个过程恰巧被父亲知道了,见他撒谎,就严厉地训斥他:"怎么能这样撒谎!"这件事虽然很小,但给他留下很深刻的印象。

从此,无论是为人处世,还是学习,他总是十分诚实,不敢有半点虚假。

(黄培需,《中国神童故事》,有删改)

撒谎就是不诚实、不守信的表现,需要父母重视引导。诚实守信的人,会得到别人的信任,也会得到别人的支持和帮助。反之,不讲诚信的人可以骗人一时,不能骗人一世,一旦被识破,就很难在社会上立足,其结果既害了别人,也害了自己。

如何让孩子诚实而不撒谎呢?父母要根据不同的情况采取有效的教育措施,有的放矢地纠正孩子说谎的不良习惯。

1.父母要心平气和地教育说谎的孩子。当发现孩子说谎后，父母要保持冷静，不能通过打骂、训斥等简单的方法来迫使孩子改正，那样只能将孩子推向对立面。对孩子的话不能偏听偏信，必要时应做一番调查、核实。要循循善诱地向孩子指出说谎的危害性，让孩子在内疚中知错，在鼓励中改错。

2.父母要丰富孩子的知识面。孩子知识面窄，爱幻想，常将幻想中的事同现实中的事混淆，分不清事情的真假，其实这只是一种想象，是说谎的假象，对待这种"吹牛"，父母应该善于利用，鼓励、表扬他们的想象力，抓住机会，通过一些小故事、身边的客观事物，或通过书本、电视等一些直观手段，让孩子获得正确的知识，让孩子从小能比较正确、公正、客观地看待事物。

3.父母要教授孩子明辨是非的能力。孩子年龄虽小，但也有虚荣心和好胜心。由于不具备道德评价能力和应有的社会价值感，因此，免不了使好胜心转变为虚荣心，从而导致说谎。因此要从小培养孩子正确健康的竞争观念。要通过平时的言传身教，讲故事、摆道理，分析身边的事，教育孩子不应该做的事不做，不诚实的话不说。

4.父母要为孩子创造良好的环境。常与说谎的孩子为伴，会染上说谎的恶习，父母要观察孩子平常与什么样的孩子玩耍，教会孩子选择"益友"。一旦发现孩子与不诚实的孩子一起，要帮助其分析利弊，让孩子明白说谎的坏处。

5.父母要区分孩子说谎的情况。父母平时要善于发现问题，消灭问题于萌芽状态，不能迁就说谎。如果发现孩子撒谎，既要严厉批评和责罚，又要和风细雨地耐心说服教育孩子，要注意孩子的神情、动作和言语，搞清楚事情发生的经过，将孩子到底是有意说谎还是无意说谎区分开来。

6.父母对孩子的期望要有度。父母要信任和尊重孩子，创设一个良好的、民主的生活环境。有关孩子的事情要让孩子参加讨论，要尊重孩子的意见，信任孩子。不给孩子提一些过高的要求和期望，不能对孩子有过多的约束，这些都有助于孩子养成良好的道德品质。

7.父母要坚持以积极正面的教育为主。父母对孩子要多表扬、赏识、鼓励,少批评、埋怨、指责,特别是当孩子表现出诚实的行为时,应予以特别关注,尽可能帮助他解决问题,使其懂得诚实的价值。即使是孩子有不诚实的言行,也不要把孩子批评得体无完肤,要寻找孩子的闪光点,引导孩子学会反思。

8.父母要给孩子正向的道德经验。心理学的研究和教育实践表明,一个人在思想品德上受到潜移默化的影响,所形成的道德观念,对一个人品德的形成影响极大。作为孩子最信赖的父母必须注意自己的示范作用,让孩子在家庭学习、日常生活、人际交往、游戏玩耍等过程中多积累一些正向的道德经验。

总之,孩子撒谎是有很多动机和原因的,父母发现孩子撒谎时一定要跟孩子及时沟通,明确告诉孩子撒谎的后果,教会孩子正确对待自己的撒谎行为。

家庭教育要有制度

这里的制度，指家庭成员共同遵守的办事规程或行动准则，一般有家规、家风等。

在家庭教育中，家规很重要。教育家苏霍姆林斯基曾说："良好的家规可以提醒孩子，防止孩子犯错误，规定应该做的和不该做的及不能做的，明确是非曲直和人生目标，有利于孩子成长成才，避免家庭教育的随意性、盲目性。"

在家庭教育中，孩子还受家风的影响。家风是指一个家庭或家族长期以来形成的，能影响家庭成员精神、品德及行为的一种风尚和德行传承。父母要跟孩子一起制订彼此都要遵守的约定。

◆有规矩，才能成方圆

常说"没有规矩，不成方圆"。家庭需要有家规，行业需要有行规，国家需要有国法。规矩大到国家的法律、法规，小到单位制订的"守则"和"规范"等，乃至人们平常生活中的约定和承诺。生活不是一个人的游戏，无论是生活在家庭里，还是在社会中，都必须遵守一定的规则。只有懂得规矩，遵守各种规则，接受约束，才能立足社会，达成目标。

家里有了规矩，就相当于在孩子心里构筑了一个篱笆，孩子从小就会明白，人不是想做什么就能做什么，而是有的事可以做，有的事不可以做，有的事情现在不可以做，有的事将来可以做。一位教育专家曾经说过："如果您想培养一个无赖，那就尽情地放纵他、迁就他；如果您想培养一个很棒的孩子，那么在面对孩子的不合理要求时，就要坚持用爱的理由拒绝他。"

丰子恺的儿子丰陈宝，小时候特别害怕见生人。因此，在客人面前，常常显得不大懂礼貌。丰子恺觉得，小陈宝之所以这样，恐怕是因为他平时很少接触生人，缺乏见识和这方面的锻炼。于是，他就利用一些外出的机会，带着小陈宝出去见世面。

一次，丰子恺到上海为开明书店做一些编辑工作，把小陈宝也带去了。那时，小陈宝十三四岁，已经能帮着抄抄写写，剪剪贴贴。带上他，一方面是为了有机会让陈宝打下手；另一方面，也考虑给他一个接触生人的机会。

有一天，来了一位陈宝不认识的客人。客人跟父亲说完话，要告辞的时候，看到了小陈宝，转过身来就与小陈宝热情地打招呼。小陈宝一下子愣住了，一时间不知道如何是好，竟没有任何反应，呆呆地站在那里，像个木头人似的。

送走了客人，父亲责备小陈宝说：“刚才，那位叔叔跟你打招呼告别，你怎么不理睬人家？人家客人向你问好，你也要向人家问好，人家跟你说再见，你也要说再见，以后要记住。”

（杨晖，《影响青少年一生的读者文摘 品格修养篇》，有删改。）

在父亲的正确教导下，丰子恺的孩子个个都懂规矩，讲礼貌，长大后都成为了有出息的人。

规矩会帮助孩子对自身行为进行控制，使孩子的行为符合社会道德的规范。规矩会帮助孩子纠正一些不良习惯，预防任性、调皮等。

家庭在制订规矩时，要使规矩简单、清晰、可执行。规矩的制订遵循少而精和赏罚分明的原则，这将有助于引导家庭成员之间的善意的竞争。也许孩子小的时候，是为了得到奖赏和避免受罚而遵守家规。随着年龄的增长，孩子慢慢明白自己应该做的事，并懂得如果不履行自己的责任和义务，就会给一起生活的其他人带来不便。

家里有了规矩，不等于孩子就能遵守好，还需要父母的监督。要知道规矩需要一个过程才能内化在孩子身上，不是说制订了规矩后，孩子就能遵守。在缺乏父母监督时，孩子就有可能会违反规矩。家庭里很多规矩的执行不是依赖于语言的监督，而是行为的管理。

在具体制订和执行规矩时，父母也不能滥定滥用规矩，不要把规矩当作父母控制孩子的工具。遇到事情就说："这是规矩！"

另外，家里的规矩不是一成不变的、僵化的条款，是有弹性和人性的。定规矩的目的是育人。规矩不是在任何时候都需要维护的，在孩子特定敏感期时，规矩需要让路，要灵活处理，不要让父母与孩子对峙起来，要让孩子更好地渡过这个敏感期，只要大的方面没有问题就行了。

◆孩子应同家规一起成长

一棵小树的成长既不能缺了水分和养料，也不能任其疯长，需要园丁经常而适时地剪枝修整，才能长成参天大树，成为可用之材。教子如植树，孩子的成长，也离不开父母适时的"修剪"。

俗语说：家无规矩不和，人无良训不富。古今中外，在各自家规的引领下走向成功的名人数不胜数，而千千万万的普通家庭也同样有着美好信念的传承，用家规来制约、预防孩子的不良行为习惯。

何谓家规？就是治家规范。家规对孩子的习惯、品德、做人、读书等都有特殊的意义，父母在孩子小的时候就应该制订家规，让孩子养成遵守家规的良好习惯。教育家苏霍姆林斯基曾说"良好的家规可以提醒孩子，防止孩子犯错误，规定应该做的和不该做的及不能做的，明确是非曲直和人生目标，有利于孩子成长成才，避免家庭教育的随意性、盲目性。"清朝著名学者纪晓岚为教育子女制订了"四戒"（一戒晚起；二戒懒惰；三戒奢侈华丽；四戒骄傲）、"四宜"（一宜勤奋读书；二宜尊敬老师；三宜普爱众生；四宜小心饮食）的家庭规范。为孩子制订合理的规则，确定界限，是父母的重要职责，也是将孩子培养成人成才的必要手段。

一般说来，每个家庭都有世代相传、约定俗成的家规。那么对于新时代的父母，如何制订家规呢？

1.制订家规需要家庭成员共同参与。家规既然是用来约束、规范家庭成员的行为，就应该是全体家庭成员共同制订并遵守的，孩子也有权参与制订家规，家规是需要全体人员的同意，否则就是控制不是规则。只有让孩子参与进来共同制订，才能让孩子明白，制订家规不是在“整”人，而是孩子健康快乐成长的需要。

2. 制订家规要体现公平合理。孩子毕竟是孩子，父母在制订规范时，要站在孩子的角度，换位思考，只有适应孩子的年龄特征、适合孩子的心理特点、结合自家孩子的个体差异，并根据孩子成长的不同阶段灵活调整，或者逐渐提高要求，这样，孩子才能做得到，家规也才能起到作用。父母的要求不能过高过急，揠苗助长，欲速则不达。

3. 制订的家规要家庭成员共同遵守。家规既然是共同制订的，就应该共同遵守。父母要以身作则，以身示范。在一个有良好氛围的家庭里，父母严格遵守家规，孩子也会学着遵守。也只有这样，家规才能被孩子内化。如果孩子发现很多所谓的规则存在多重标准，自然就会抵触，寻找家规的漏洞。

总之，让孩子从小在家规中学规矩、知文明、懂礼仪，是为人父母者不可推卸、义不容辞的责任，也是家庭教育的关键所在。家规，只有共同遵守，才会使孩子与父母共同成长。

◆家有家风

一个家庭或家族长期以来形成的能影响家庭成员精神、品德及行为的一种风尚和德行传承，称之为家风。一个良好的家庭或家族，一定有家风。也许是口口相传的，也许是有文字传承的。一般具有如下特点。

首先，一个家风正的家庭或家族，注重以德立家。观察发现，如果一个家庭或家族的家风正，那会在家庭或家族内交相辉映，反之，如果是负面的，那就会发生交叉感染。父母一定要用德行、德言来要求自己，因为那是榜样的力量。

曾国藩是中国近代史上颇具争议的人物，对他的评价姑且不论，但他的家庭教育却有令人瞩目的成就。

曾国藩以“勤”字为人生第一要义。他身体力行，教育子女也养成勤劳作风。要求“诸男在家勤洒扫”“诸女学洗衣，学煮茶烧菜”。还为曾家妇女规定了“日课”四项：“食事”，每天早饭后做各种小菜；“衣事”，已午刻纺花或绩麻；“细工”，傍晚即晚饭后做男女布鞋或缝制衣服。

（《曾国藩家书》，有删改。）

以德立家，要明确规定家庭道德的“禁区”，比如，戒贪、戒骄、戒奢、戒淫、戒赌、戒恶、戒懒、戒毒。民间谚语说：“有好儿孙荒成业，无好儿孙业成荒。”就是告诫人们，一定要以德教子，以德树人。

其次，一个家风正的家庭或家族，重视书香不绝。父母要坚持走文化兴家，读书树人之路。一个高度重视学习、重视读书的家庭，倡导文化兴家，提倡书香不绝。一是读书可能改变一个家庭的门第，也可能改换一个家庭的家风；二是书香不绝不仅能改变一个人、一个家庭的精神面貌，还可能改变包括孩子在内的家庭成员命运。

汉朝时，有一人叫匡衡，勤奋好学。

小时候，他家里很穷，白天必须干活，晚上才能读书。但又买不起灯油，天一黑，就无法看书了。

只有悄悄地凿开墙壁，让邻居家的光照进来，才能借着微弱的光看书。

匡衡一直勤奋好学，最终改变了自己的命运，成为一代经学家，官至宰相。如果他当时不坚持读书，可能只是个庄稼人，这就是学习改变命运。

（林玲，《社会文化》，有删改。）

读书学习，既可以医愚，也可以医俗。只有文化的阳光才能照亮昏暗的家庭；只有知识的良药才能疗救愚昧无知的心灵。在充满文化阳光的家庭中才能走出奋发有为、气宇轩昂的人才。读书也能把千万个沉没在低级、庸俗、浑噩泥潭中的迷茫者搭救上来，让他们变得文明、儒雅、有理想、有作为。人们常说：腹有诗书气自华。

总之，一个家庭或家族，其家风的好与坏、正与邪，那是有长远影响力的，那是有强大渗透力的，它会长远地影响到许多代后人的成长。

◆要与孩子“约法三章”

“约法三章”就是事先针对可能发生或曾经发生过的问题，跟孩子一起制订彼此都要遵守的约定，并且以商量的形式进行承诺。当“预想状况”发生时，按照事前约定给孩子一些提醒。

在父母坚持遵守“约定”的过程中，要让孩子知道，既要对承诺过的事情不能食言，又要学会为自己的言行负责。

那么，父母如何与孩子约法三章呢？建议父母做好以下几点。

1.“约法三章”要体现民主公平。孩子是家庭中的一员，每个孩子都希望父母平等地对待他们。父母在要求孩子应该怎么做的时候，要显示平等。不能居高临下地要求孩子怎么做，不能做什么，而要给孩子讲道理，征求孩子的意见，让孩子谈谈对要求和家规的看法。不要在没有任何征兆的情况下，仅凭父母的情绪就惩罚孩子或恐吓孩子。在规则之内父母要让孩子有自主的空间。在做有些事之前，父母和孩子制订的规则里，要体现孩子的权利。如果孩子的意见和父母的相左时，只要是约定好的事，父母也要尊重孩子的要求。

2.“约法三章”是父母与孩子商量的结果。教育孩子离不开约定和规矩，对于孩子的问题，尤其是孩子的不良行为，父母一定要与孩子商量后制订规则，并形成条文，使孩子遵守。父母千万不可自作主张制订规则让孩子遵守，这样的规则对孩子来说没有什么约束意义。只有当孩子内心认可了，才能避免亲子产生冲突。

3.“约法三章”要坚持执行。对于已经建立的规则，父母应该事先确定孩子完全了解，规则一旦建立，就应该坚持，绝对不能轻易妥协，即使孩子哭闹。父母承诺的事情，无论如何也应言出必行，否则父母的威严和诚信将在孩子眼中荡然无存。

4.“约法三章”要体现言传身教。与孩子“约法三章”后，父母不要认为只对孩子有约束作用，自身也要遵守。教育最有效的方法就是言传身教。如果要求孩子遵守，而自己却做不到，会使孩子产生认知上的冲突而无所适从。有时候，还可以用一些有趣的办法让孩子乐意这么做。比如，天气很冷，孩子赖床，父母可以和孩子一起起床，比一比谁穿衣服快。

5.“约法三章”需要父母学会拒绝。父母懂得对孩子的纠缠说“不”，不要去理会孩子的反应。父母的态度和标准将帮助孩子成为一个明辨是非的人。很多情况下，父母对“约法三章”的执行不够，就是因为孩子一哭闹，就迁就孩子，满足孩子的要求。

6.“约法三章”要具有可操作性。“约法三章”不能是笼统概括，内容方面越具体越好。越笼统的规矩对孩子来说约束力越小。相反，只有那些针对具体事情，有具体细节、要求的约定才会引起孩子的重视并且遵守。当然，这里对于约定事项的精细程度，父母也要把握好一个大致的度。过于笼统不行，而过于详细，也不是好事。

7.“约法三章”中要有奖有惩。在约定里要有奖励的条款。在警告孩子不许这样做、不许那样做之外，还要有如果孩子做到了什么，就会有什么样的奖励的内容，这对调动孩子遵守约定的积极性非常重要。父母对孩子违规要设立惩罚，惩罚教育一定要拿捏好分寸。

要给孩子的生活学习一定的自由度

这里的自由度，是指父母给予孩子自主生活学习的空间和时间。

在家庭教育中，父母给孩子自由，就是让孩子拥有一片蓝色的天空，就是让孩子在没有压迫感的状态下生活和学习。每个孩子都有其个性和习惯，父母给予孩子的自由也应有程度的差异。每个孩子都有选择自由生活、成长路径的权利，不要随意拿自家的孩子与别的孩子做比较。

在家庭教育中，父母给予孩子自由，不能走极端，孩子的自由不是为所欲为。如果父母给孩子的自由度过大，就会滑向放纵。

◆让孩子拥有一片蓝色的天空

父母给孩子自由，就是让孩子拥有一片蓝色的天空，就是让孩子在没有压迫感的状态下生活和学习。孩子也只有在这种环境中，才可能逐步学会自主、自立、自律、自强和拥有创新精神。

父母要明白，让孩子的心理、身体健康才是教育的头等大事，让孩子快乐地成长才是教育的根本，让孩子拥有可持续发展的愿望和能力才是教育的艺术，让孩子拥有创新精神才是教育的成功。

父母给孩子一定的自由，就是培养孩子的自主能力。现在的很多父母对孩子疼爱有加、事必躬亲、全权负责，这些做法可以理解，但如果关爱到不给孩子留一点自主空间的话，那就会变成伤害。另外，不要以爱的名义把孩子管得太严太细。一个在父母的严格限制下长大的孩子，没有自己的主见，一旦离开了这些规矩，孩子就会不知所措，甚至会产生一些心理疾病。

父母给孩子一定的自由，就是要培养孩子的创造能力。给予孩子一定的自由，孩子就能在课余时间，根据自己的兴趣爱好和特长，自我制订发展目标和计划，弥补学校教育的不足，从而有更多创新的机会。

父母给孩子一定的自由，就是培养孩子自立自强的品格。孩子在学习生活中，能按照自己的想法去做，无论结果如何，孩子都会有所体验和感悟，能体会到成就感或挫折感。“吃一堑，长一智”，孩子自己会总结，会开动脑筋去思考，逐渐养成自立自强的品格。

父母给孩子自由完全符合培养核心素养的需要，培养核心素养要求培养孩子个体自主、人格独立和精神自由的素养，体现孩子的学习乐趣、创新能力和心理健康。

蔡老师说，她儿子在幼儿园的时候，是中规中矩的，从未做过什么让老师和自己烦心的事。几天都不会把衣服弄脏，带出去玩还经常帮着老师做事，和同学相处得很好，也懂得助人为乐，是标准的乖娃娃，常被其他孩子的家长夸奖。

后来通过学习，她明白了，要让孩子自由自在的生活，孩子有自己的天性。衣服脏了可以洗，不能为了方便省事儿而阻拦儿童自由地发展，遏制孩子大脑和心灵的成长，这会带来严重的后果。

现在，她宁可让儿子玩得满身泥沙，脏得眼睛鼻子都分不清，像草原上尽情撒欢的小野马。当她看到儿子在院子的树下玩，趴在草地上观察蚂蚁运食物、搬家或者看蜗牛背着螺旋状的壳缓慢地前行，她会会心一笑。当她看见儿子和小朋友在玩游戏，玩得满头满身的大汗，见了她，会跑到她面前撒娇。有时候她站在楼下看着孩子们在暮色中玩，而她，看得开心时，会发自心底地微笑，一个母亲欣慰和满足的微笑。

确实，父母要给孩子自由，要关注孩子的活动，不要过度的干涉孩子的说话和做事，放手让孩子说自己想说的话，做自己想做的事。天下父母，都希望孩子成为有用之才，但要落实好出发点与行为过程的一致性，既不要目光短浅，也不要功利化思想太重。

那么，如何评价父母给予孩子的自由是否适度呢？

1.父母要观察孩子的情绪反应。如果孩子有良好的情绪反应，那么给予孩子的自由是适度的。当然这不包括偶尔的失败、受到批评时短时间的不高兴。孩子的良好情绪反应是指对世界万物的好奇心和爱心，遇到问题、困难、挫折时表现出来的积极心态，以及分析问题解决问题的灵活性。反之，如果孩子总的情绪是紧张、麻木，甚至惊恐、痛苦，那么给予的自由度就过少了。

2.父母要观察孩子对他人的态度。一般来说，对他人态度良好，尊重他人，愿意帮助他人的孩子有适度的自由，有比较宽松的环境，反之，只关心自己的利益，不懂得和别人分享，生活中斤斤计较的孩子，可能就是父母的要求过多，管理过严。

3.父母要观察孩子自尊自爱的情况。有适度自由的孩子，往往在生活中有尊严感。如果孩子缺乏自尊，所谓的“厚脸皮”“滚刀肉”，表面上什么都不在乎，其实心里很痛苦；或者是相反，非常自卑，什么事情都没有主见。造成这些的重要原因，往往是给予的自由度过少。

总之，孩子需要自由，孩子的天性中有很多好奇心，希望得到理解和释放，如果父母对孩子约束太多，孩子就会感到压抑。鲁迅先生在《我们现在怎么做父亲》一文说，好家长要满足3个要求：理解孩子、指导孩子、解放孩子。

◆要给孩子哪些自由

给孩子自由，就是让孩子在自己支配的时间和空间里按照自己的想法尽情地展示自己。

有位妈妈常向同事抱怨，说自己的孩子脾气特别大，还有攻击行为。

于是，请懂家庭教育的同事到他们家观察孩子，并与孩子交流。当时孩子正想玩水坑里的雨水，立即被这位妈妈制止了，生怕弄脏了衣服。

一段时间后，同事对孩子妈说：“孩子之所以这样，是因为没有得到自由，你总是不让他做自己喜欢的事情。”

这位妈妈听从了同事的建议，让孩子自由地玩耍。这样，孩子高兴极了，妈妈说，从来没看见孩子这么开心。

其实自由很简单，就是让孩子尽情地去拥抱自然，感受阳光，享受快乐。那么,父母应给予孩子哪些具体的自由呢?

1.父母要给孩子灵活支配的时间。有的父母总怕孩子的时间空闲,没事干。当孩子写完作业以后,马上给他安排了画画,刚画完画,又安排了学外语,外语学完了还要弹琴。这样的结果,让孩子没有了自己的意志和想法,几乎成了一个机器人,在大人的紧张安排下失去了自我,以至于越来越懒散、麻木和消极。所以,父母要给孩子一定的时间,让孩子静心思考,做自己想做的事。

2.父母要给孩子自由选择的权利。剥夺孩子自由选择的权利是有害的,因为剥夺孩子自由,就是限制孩子的行为和思想,让孩子缺乏自由选择的权利,一方面可能会加剧孩子的逆反心理,另一方面会扼杀孩子的想象力、创造力和独立性。因此,在合适的情况下,父母要给孩子自由选择的权利。如果孩子的决定正确并能产生好的效果,那么孩子就会很有成就感。即使孩子失败了,也是孩子自己的选择,这样孩子的印象会更加深刻,再次犯错的可能性会更小。这样,孩子才会有独立意识,有自己的想法。

3.父母要给孩子尽情玩耍的机会。玩耍是所有孩子的天性、本能,玩耍是孩子的生活方式。有的父母给孩子许多限制,认为“玩物”一定“丧志”。如果孩子在地上和稀泥、玩沙、玩打仗游戏,就会呵斥孩子:“这么脏,不准玩!”父母不要以成人的眼光来苛求孩子,也许这些玩耍、游戏在父母看来是“无聊”的,然而,对孩子来说却是快乐的,是尽情的放飞,是自由的想象。这样,会增强孩子的动手能力,培养孩子的想象力。

4.父母要给孩子结交朋友的自由。当父母的要支持孩子的交友行为,尽可能让孩子多与伙伴们相处,尽可能让孩子自己解决矛盾,鼓励孩子多与陌生孩子玩,不要因为孩子之间会产生矛盾而阻止孩子们的交往。教育专家徐国静说:“孩子的思维,幻想多于现实,他们沉浸在自己的想象里。孩子与同龄人在一起,时空是一样的,思维碰撞不会错位,游戏的投入程度一样,我们可以看到,从心理、生活、时空上,孩子与孩子交往的欢乐,得到的成长营养,是无可替代的。”

5.父母要给孩子独处的时间和空间。独处就是孩子拥有独自一人的时间和空间,或者说独处就是没有父母在旁边帮忙和监督。独处能够保证孩子有动手、动脑的机会。孩子在独处中,可以用自己的方式体验环境、解决问题,可以用自己的方法尝试玩耍、克服困难。没有或少有独处机会的孩子会缺少独立性。在保证安全的前提下,父母不要怕孩子把自己单独关在房里,不要怕孩子上网、看电视等,不要怕孩子到处闲逛。父母可以引导和建议孩子,但是必须把独处的权利还给孩子,这样,孩子才能养成思考的习惯和获得独立做事的本领。

6.父母要给孩子解释申辩的权利。当孩子犯了错,父母应当尽可能给孩子辩解的机会,以便了解事情的真相。只有给孩子辩解的权利,才是尊重孩子,才能维护孩子的自尊心;只有给孩子解释和辩解的权利,孩子才会在与父母的交流沟通中明白道理;只有给孩子解释和辩解的权利,父母才能更好地了解孩子,反思自己的教育;只有给孩子解释和辩解的权利,才能避免误解孩子,给孩子造成伤害。也只有这样,孩子才能心悦诚服地接受父母的教育。

7.父母要给孩子隐藏秘密的权利。孩子不是父母的附属品或私有财产,孩子是有情感、有思维、有个性的生命,孩子也有自己的秘密。父母要学会尊重孩子隐藏的秘密,充分信任孩子,给孩子一个自由的空间,当然,并非放任自流,对孩子的隐私要给予充分的关注,积极的引导。还要成为孩子的朋友,成为孩子的“好哥们”“好闺蜜”,这样,孩子就会在信任的基础上,主动将内心世界向父母敞开。

8.父母要给孩子选择喜欢或不喜欢的自由。孩子对人和事都有自己的看法和态度,表现出喜欢和不喜欢,如果父母与孩子的意见、情感不同,也应该维护和尊重孩子,不要把父母的思想强加给孩子,一味用父母的威严来压制孩子。父母可以发扬家庭民主,多与孩子交流沟通,如果是孩子的看法认识不成熟,那么可以通过商量起到教育孩子的作用。这样,父母与孩子之间才会建立起信任感。

9.父母要给孩子自由理财的机会。让孩子学习理财,鼓励孩子把平时的零花钱积攒起来,树立正确的金钱观,并培养其良好的理财意识是必要的。从短期的效果看,会养成孩子不乱花钱的习惯;从中期的效果看,会养成孩子投资的能力和处理人际关系的能力;从长期的效果看,会养成孩子独立的生活能力和家庭责任感。这是杜绝孩子将来成为“啃老族”“月光族”而进行的重要教育活动。此外,还可以让孩子明白“天上不会掉馅饼”的道理,不容易受到欺骗,增强了孩子的自我保护能力。

10.父母要给孩子消费购物的自由。孩子拿平时积攒的零花钱或压岁钱,用来购物,会成为孩子美好的记忆。父母带孩子购物是一次良好的沟通旅程,对孩子的成长具有积极的效果。孩子学会购物,能使孩子学着精打细算,能让孩子珍惜劳动成果,知道买任何一件物品都必须付出劳动报酬,能让孩子了解市场的分布、商品的种类以及市场动态等,拓展视野。当然,孩子购物是有限度的,不是随意的满足,既要结合家庭的经济情况,又要看所购之物是否适合孩子和是否安全。

◆给的是自由而不是放纵

给予孩子自由不等于放纵孩子,也不等于对孩子不理不教不管。父母要明白,自由从来都是相对的,是有分寸的,没有绝对的自由。自由是建立在一定秩序和规则基础之上的,孩子也不例外。如果自由过了头就是放纵。

首先,父母要明白,给自由不是给放纵。父母在给孩子自由时,一定需要对孩子进行适度的教育和引导。孩子无论是在家里,还是学校、社会上,要想获得自由和尊重,就要懂得给别人自由、尊重别人。从某种意义上说,孩子所得到的自由和尊重,不是别人给予的,而是孩子自己努力争取的。如果父母给孩子无限制的自由,那么很可能就把自己的孩子培养成为一个以自我为中心的“小霸王”“熊孩子”,这样的案例现实生活中可谓比比皆是。

有位艺术家很有威望,但他的儿子却令父母蒙羞。艺术家痛苦地承认:没教育好儿子。那么他教子的失误在哪里?

艺术家在接受某节目采访时,主张让孩子自由发展,给他足够的自由空间,自己也力争在家庭中扮演慈父的角色。

杨洪基讲,有一次,他看见艺术家与儿子吵架,艺术家的儿子打了艺术家,杨洪基就对艺术家说,怎么能容许儿子这样呢?可这位艺术家则说,小孩子不懂事。

后来的事实证明,这位艺术家的想法是美好的,"给他足够的自由空间"是有害的,给的是纵容。

其次,父母要明白,给自由不是给放任。父母在给孩子自由时,一定要给孩子的自由设底线、划红线。在孩子的成长过程中,父母要学会对孩子放手,让孩子自由成长。但是,放手并不等于是撒手不管,更不是放任自流,胡作非为。父母在给孩子自由时,一定要告知孩子哪些事是父母绝不允许的,一旦孩子超越底线,就要受到惩戒。

周羽同学总是放学后就去游戏厅,作业经常不完成,班主任找周羽父母来学校商量,希望父母管好孩子放学后的时间,可是没有效果。

于是,放学后,班主任把周羽留下来,做完作业后再回家。可几天过后,周羽一到下午就说肚子痛,要求请假回家,班主任知道周羽是装病,就让父母来学校接人。父母来学校不但不配合班主任工作,反而责备学校管得太严了,孩子没有了自由。班主任只好放弃对周羽的要求和管理。

初一上学期期末考试,周羽的成绩下滑到年级最后。

后来,周羽经常逃学,班主任家访几次后,仍然没有好转。

初二上学期,周羽流失。班主任对同事说:"周羽父母过分地将就孩子,对孩子放任自流,是周羽流失的重要原因。"

可见,有的父母给予孩子太多自由,没有底线。没有任何约束的自由必将演变为宠溺、娇生惯养,会影响孩子的健康成长。

再次,父母要明白,给自由不是没有规矩。父母在给孩子自由时,一定要让孩子明白享受自由就要遵守规则。父母尊重孩子的自由选择,并不是彻底放弃规则。有约束的自由,建立在规则基础上的自由,才是真正的自由。既不能只有自由而没有规矩,也不能自由是自己的而规矩是别人的。父母要教会孩子遵守一些规则。

今天有多少孩子跟父母讨价还价,既要美国式的自由,又要中国式的宠爱,却没有美国孩子的主动,又失去了中国传统的孝道。

这样的孩子进入社会后,既要美国式的公司福利,又要中国式的铁饭碗,却没有美国员工的自律和中国传统的忠诚。

从小讨价还价，长大后失去原则，该讲情的时候讲理，该讲理的时候说情。这是我们现在许多家庭教育缺失理性成分的结果。

（刘墉，《人生百忌》，有删改。）

当然，给孩子树立规矩是需要把握好时机的，要符合孩子的身心发展规律和特点。教育的机会，一旦错过，父母将很难弥补，即使可以补救，往往也难以达到最好的效果。

自由不是一成不变的，父母需要根据孩子的年龄给予相应的自由。一般说来，随着孩子渐渐长大，父母的规矩要越来越少，给孩子的自由要越来越多，直至最终放飞孩子，让孩子生活、工作在新的自由和规则的空间。

美国作家艾卓曾提出“漏斗式教育”理念。认为家长早期不要给孩子太多自由，因为那时他们还没有成熟到可以掌控很多的自由。

随着责任感的增强，父母逐渐放宽管束，直到他们成为青年人以至成年人。

（丹秋名师堂学校，有删改。）

根据孩子的不同年龄段，父母做到宽严有度、左右适中，才可以让孩子在长大步入社会后，收获真正的快乐和幸福。

总之，每一个孩子都需要自由，没有自由就不可能有创新，就不可能有民主，就不可能有身心充分的发展，但是自由不是无边无际的，自由是要受到一些制约的。父母有责任告诉和督促孩子要遵守规则，把握好自由的度。

◆不拿自家孩子与别的孩子做比较

世上有些东西要比较，有比较才会有鉴别，可有些东西是不能，也无法比较的，因为有些东西是世上独一无二的。有位印度思想大师说：“玫瑰就是玫瑰，莲花就是莲花，只要去看，不要比较。”每个家庭的孩子都是世上独有的，世上的孩子个个不同、千差万别，不能进行比较。

曾经有位女生给我讲：“好像从记事起，我的爸爸妈妈就不断拿别人和我比，尤其在每次开完家长会后。他们既然认为别人好，就让别人做他们的孩子好了。再说,我不是不想学好,我也在努力,可我的进步他们看不到。”

该女生说着哽咽起来,我劝慰说:“父母也是为你好啊!”女生反驳道:“他们是为了他们自己有面子。”还说:“真不想再待在家里了,为什么他们不能理解我呢?”

同样,有位男生给我说:“我们家一吃饭,妈妈就开始表扬他们单位同事的儿子如何如何地乖,妈妈嘴里的乖就是学习成绩好。而说我不如人家,好像我不是她亲生的。说别的孩子时,妈妈是一脸兴奋,说我时,满脸愁容。其实我哪里比不上她说的那个,妈妈就是偏心眼。”

经常被父母做比较的孩子,通常会有很多负面情绪,如不开心、无安全感、愤怒和嫉妒等,即情绪受困扰。有的孩子会认为父母似乎喜欢别的孩子比自己多,为了吸引父母,孩子就可能有自己的情绪和行为,这些情绪和行为通常都是父母不喜欢见到的。

父母正确的态度应该是,根据自己孩子的特点进行教育。最好的办法是学会欣赏孩子,不要把自己的孩子与别的孩子比较,应该关注自己孩子每一个微小的进步。父母不要在自己孩子面前频繁地表扬别的孩子,因为孩子不一定理解父母的“良苦用心”,只会认为父母看不起自己或自己不如人,这样的教育效果只会适得其反。

父母要从孩子的长处入手,激励孩子缩小差距。如果确实自己的孩子脑子迟钝一些,要教育孩子笨鸟先飞,多勤奋一些,弥补自己的不足。孩子有了进步就应该鼓励,只要孩子付出了努力,已经尽其所能,父母就不要提出过高的要求。

父母要比较,也只能是孩子自身的纵向比较,去发现孩子的进步。父母要看到孩子今天比昨天表现好,这学期比上学期成绩进步了,让孩子既知道自己的不断进步和取得的成绩,还知道父母在关注和关心自己的进步,这样,久而久之会让孩子充满自信。

父母不要让孩子背负太多的包袱,人为地给孩子带来许多的委屈。况且,有的父母究竟是在拿孩子与别人比较,还是用孩子当作自己的代言人代替自己与别人比较,相信在这份压抑和无奈背后,有一份只有当事父母自己清楚的心酸。

对孩子的关爱要有尺度

这里的尺度是指处事或看待事物的标准。父母只有掌控好这个标准,才可能有效地进行家庭教育。

在家庭教育中,父母要懂得爱是一种艺术。要把控好对孩子关爱的尺度。家庭教育离不开爱的教育,父母只有掌握了爱孩子的本领,才会让孩子感到幸福快乐,父母的教育才会有成效。

在家庭教育中,如果过度爱孩子,就会把关爱变成溺爱。父母关爱孩子必须做到理性而不冷淡,感性而不情绪,宽容而不纵容,严格而不严厉。

◆爱是孩子成长的原动力

父母对孩子的爱是这个世界上,最无私、最伟大、最真诚的爱。爱孩子是教育孩子的前提,是孩子健康成长的原动力。父母只有爱孩子,孩子才会爱父母;只有爱孩子的父母,才会教育好自己的孩子。

李嘉诚的家族治学风气很浓,知书识礼,李嘉诚的父亲知识涵养俱佳,德高望重,致力于教育。可是,1943年冬天,对于14岁的李嘉诚来说是沉痛的,他那慈祥温和的父亲,永远离他而去了。李嘉诚没有消沉,而是鼓足勇气面对现实,以一种豁达的心态担负起家庭的重任,迎接人生的挑战。

李嘉诚回忆说:“难忘的是父亲的拥抱。我至今还清楚地记得,稳健而富有涵养的父亲,与我亲密接触时,常常会忍不住紧紧拥抱我,并把我举得很高。父亲还时常对我说,‘你是父亲的骄傲,有你这样一个儿子我是多么自豪’。父亲把他满腔的爱都倾注在我身上，并把我培养成为一个自信的、有主见的人。”

（《不打不骂教孩子60招》，有删改。）

李嘉诚的成功正是“父亲把他满腔的爱都倾注在我身上”的结果。孩子的心灵充满了天真、好奇，父亲的拥抱和期待是爱的最好形式。

有爱的孩子是块宝。父母的爱，似不灭的灯塔，当黑暗袭来时，给孩子光明；父母的爱，似激昂的旋律，当孩子意志消沉时，给孩子鼓舞；父母深深的爱，似激越的号角，当孩子烦恼袭来时，给孩子力量。如果让孩子在关爱中成长，那么孩子就会生活在快乐与满足中，就会用一种深深的爱意去感悟生命，迎接挑战，健康地成长。反之，没有爱，就没有教育孩子。

父母在教育中，应把对孩子的爱放在首位，善于发现孩子的闪光点，以此来保护孩子的自尊心，树立孩子的自信心，从而充分挖掘每个孩子的潜力。孩子只有在父母爱的浸润中才能健康、快乐地成长，才能造就孩子健全的心理和培养孩子良好的道德品质。

总之，孩子一切生活的基础和未来的认识及行为都归结于家庭教育，而家庭教育中的爱是孩子的人格、心智、道德等各方面发展的最重要的基础。父母爱的教育是飘入孩子耳朵的一个音符，是拂过孩子眼睛的一抹新绿，是流过孩子心灵的清澈溪流。

◆要用教育去爱孩子

爱孩子是天下父母固有的天性，而教育好孩子是父母的本事。孩子健康的成长需要父母的爱，也需要父母科学合理的教育和引导。爱是基础，没有爱就没有教育。教育是爱的体现，或者说是爱的一种特殊表现形式。没有教育的爱，只是生物性的爱。

有位妈妈带着儿子到公园散步，坐下来休息的时候，妈妈为儿子买来一些零食。就在儿子津津有味地吃着的时候，妈妈注意到不远处坐着一个小女孩，可能是她的妈妈有事儿暂时离开了。这位妈妈看到那个小女孩用渴望的眼神看着儿子吃零食，于是就对儿子说："儿子，给这位小妹妹吃点好吗？"

"不，我要自己吃。"儿子不同意。

这位妈妈只好继续耐心地对儿子说："儿子，要是妈妈有事情不在你身旁，而这位小妹妹在吃零食，你想不想吃呢？"

"想。"儿子毫不犹豫地说道。

"这就对了，现在你把零食分一些给这位小妹妹吃，等到下次妈妈不在你身旁的时候，那位小妹妹也会把东西给你吃的。"儿子看看妈妈，又看看那位小妹妹，终于拿了一些零食给那个小女孩吃。

这位妈妈除了爱孩子外，还教育孩子学会爱别人，这样不仅给予孩子爱，让孩子享受到爱，还能培养孩子成为一个内心充满爱的人。

父母爱孩子，要懂得引导孩子学会生存的本领，为孩子提供发展自己能力和磨炼自己意志的机会。

有一个一周岁左右的小男孩儿，被年轻的妈妈牵着小手来到广场前。要上有十几个台阶的平台了，小男孩儿挣脱开妈妈的手，要自己爬上去。

小男孩儿用胖胖的小手向上爬，妈妈也没有抱他上去的意思。当爬上两个台阶时，他就感到台阶很高，回头瞅一眼妈妈。可妈妈没有伸手去扶他的意思，只是眼睛里充满了慈爱，并不断鼓励他："对，不要怕！"小男孩儿又抬头向上瞅了瞅，放弃了让妈妈抱的想法，还是手脚并用，小心地向上爬。他爬得很吃力，小脸蛋累得通红，娃娃服也被弄脏了，但他最终爬上去了。

年轻的妈妈这才上前拍拍儿子身上的土，在那通红的小脸蛋上亲了一口。

（《中外童话故事：青春故事汇》，有删改。）

这个小男孩儿，就是后来成为美国总统的林肯。

显然，有教育的爱才是有质量的爱，才不至于让爱变得空乏。没有教育的爱，对孩子是一种伤害。

观察发现，在现实的家庭中，有的父母给以孩子无限的爱，却常常遭到孩子的反感、厌恶甚至不屑;有的父母给孩子的爱,反而成了对孩子的一种伤害,演变成亲子间的矛盾冲突,甚至悲剧。为什么会是这种结果?最根本的原因,就是父母只有简单的爱而没有教育孩子。

那么,怎样去爱孩子,才是有教育的爱,才是真正意义上的爱呢?

1.父母爱孩子,是无条件的。父母对孩子的爱不要有附加条件,尤其不要把学习成绩作为条件。现实中,有的父母对孩子的态度是由孩子的成绩决定的。孩子考出好成绩父母就会兴高采烈,孩子有什么要求也都会尽力满足。孩子一旦考试失利,父母就会摆出一副苦大仇深的样子,不仅会数落和责罚孩子,而且还会取消孩子的娱乐活动和自由空间。这种爱会因为父母对孩子提出各种各样的条件而大打折扣,在孩子心中,会认为父母爱的是他的成绩,爱的是他为父母带来的荣誉。很多孩子都认为父母对成绩的关心远远超出了对自己的关心。这样,孩子很难从学习中找到乐趣,学习变成了父母强加给自己的任务。

父母给予孩子无条件的爱,应该是不求回报的。只有当父母无条件地爱孩子时,即不管孩子的优点和缺点,不管他是否做错事,孩子才会真正敞开心扉,愿意与父母进行沟通。当然,父母给予孩子无条件的爱,不是说无论孩子如何都不去管教他去放纵他,而是说无论孩子如何都要去关爱他去呵护他。不管发生什么事,父母都应该让孩子明白,父母的爱是无条件的,是永恒不变的。

2.父母爱孩子,就给孩子独立自主的权利。父母要意识到孩子是一个独立的人,爱孩子就应该培养孩子独立生存的能力,让孩子在任何时候都能够学会自己照顾自己。生活中,如果孩子成长中所遇到的事情都被父母代替完成,那么,孩子就会缺少独立自主的能力。

爱孩子不等于包揽一切,而是要给孩子自由成长的空间,给孩子成长所需要的精神养料,注意培养孩子的自主意识和能力,引导孩子往前走,让孩子自己去安排、去锻炼、去找答案、去解决、去选择、去创造。在具体实践的过程中,父母还要不断和孩子进行良好有益的交流,肯定、鼓励、赞赏孩子,使孩子的进步永不停止。

3.父母爱孩子,就要耐心地等待。教育是一门慢艺术。父母难能可贵的是给孩子爱的鞭策，并耐心地等待孩子成长。不管孩子遇到什么问题，犯了什么样的错误，父母都应该耐住性子，不要心急发火。父母千万不要因为孩子一时一事的失败而过早地给孩子下结论，责骂甚至放弃孩子。

当然，耐心并不是说要消极等待，而是主动与孩子沟通交流，对孩子进行启发，帮孩子解除心理障碍。其实，只要孩子深切地感受到父母的关爱和期望，在内心深处就会产生奋发向上的强大动力。

4.父母爱孩子，就要关心、理解孩子。关心是爱的最基本的层面，每一位父母都有关心孩子的本性，但是，关心的深度是不一样的，物质生活是初级层面，精神生活才是高级层面。孩子往往对习以为常的物质生活的关心熟视无睹，而对孩子精神生活的关心才会产生情感上的共鸣。

理解就是要了解孩子的内心，并从孩子的角度思考问题，帮助孩子解决问题。理解的基础就是对孩子精神生活的关心，只有关心孩子精神生活的父母，才会真正站在孩子的立场去思考，同孩子进行沟通，帮助孩子解决问题。如果父母能理解孩子，那么就是在给孩子创造成功的机会。

5.父母爱孩子，就要懂得尊重孩子。尊重孩子是爱孩子的具体表现，也是真正爱孩子的内涵。离开了尊重的爱，是一种不全面的爱，甚至是自私的、畸形的爱，它会影响孩子的心智，难以让孩子拥有阳光的心态和健康的人格。

尊重孩子，就是父母要站在孩子的角度想问题，要多与孩子沟通交流，要说服教育，要呵护孩子的梦想，而不要恶语伤孩子，不要以权威压服孩子，不要侵犯孩子的隐私，不要对孩子有过高的期望。父母只有尊重孩子，才可能走进孩子的心灵世界，才可能实现父母的美好愿望。

6.父母爱孩子，就要让孩子感受到父母的爱。许多父母认为，孩子是自己生的，爱孩子不用天天挂在嘴上。但是，对孩子来说，非常需要父母通过语言或行为告诉他，父母是爱他的。因为当父母批评、责备或惩戒孩子时，孩子就会怀疑父母对他是否有爱。

在中国人的观念中，爱字是比较难说出口的，事实上，向孩子表达爱意并没有想象中的那么难，只要在日常生活中多注意就是了。

◆溺爱有毒,是对孩子的伤害

父母爱孩子是天经地义的,是一种血缘亲情的爱,但爱孩子要爱得理智,要掌握好爱的尺度。

如果父母不理性,过度宠爱孩子,会让孩子变得娇生惯养,让孩子为所欲为、横行霸道,这种爱就不是真爱,爱的结果往往与父母的期望背道而驰,这种爱会演变成“害”,这种爱就是常说的“溺爱”。

在一座美丽的大山脚下,有一个非常美丽的湖。湖中的小岛上住着一对以在湖中捕鱼为生的老夫妻。

有一年秋天,一群天鹅来到岛上。它们是从遥远的北方飞来,准备去南方过冬的。老夫妇见到这群外来客,非常高兴。

渔翁夫妇为了表达他们的欢迎,拿出喂鸡鸭的饲料和打来的小鱼喂养它们,于是这群天鹅就跟这对夫妇熟悉起来。在岛上,它们不仅大摇大摆地走来走去,而且在老渔翁捕鱼时,它们还随船而行,嬉戏左右。

冬天来了,这群天鹅竟然没有继续南飞,它们白天在湖上觅食,晚上在小岛栖息。湖面封冻,它们无法获得食物,老夫妇就敞开他们茅屋的门,让它们在屋里取暖,并且给它们吃的,这种关怀每年都延续到春天来临,直至湖面彻底解冻。

日复一日,年复一年。这对老夫妇就这样奉献着他们的爱心。有一年,他们老了,离开了小岛,天鹅从此消失了。不过它们不是飞向了南方,而是在第二年湖面封冻期间饿死了。

(左夫,《快乐是一种心态》,有删改。)

故事中渔翁夫妇对天鹅的爱,绝对是无私而又真挚的,毕竟这些漂亮可爱的小生灵为孤寂的他们带来了慰藉与欢乐,帮助他们排遣了心灵的寂寞。在寒冷的冬天里,不能适应北方严寒的天鹅肯定也需要他们的照顾与呵护。可是渔翁夫妇无论如何也没有想到,习惯了被他们保护的天鹅,一旦失去他们的怀抱,结局将是十分悲惨的。

中国有一句古语:“惯子如杀子。”这句话是很有道理的。“溺爱有毒,是对孩子的伤害。”表达了同样的道理。所以,父母在家庭教育中,要特别注意对爱的掌控度，不能没有爱，但也不能溺爱。

那么溺爱有哪些表现形式，以及会造成怎样的影响呢？

1.给孩子特殊待遇。在现实的家庭中，特别是独生子女的家庭，把孩子当成“掌上明珠”，伺候得像“小祖宗”，孩子在家庭中的地位高人一等，处处得到特殊照顾，爷爷奶奶、外公外婆一齐呵护，叔叔阿姨捧在手心里，要啥给啥，百依百顺，说一不二，全家都看孩子眼色行事。这样的孩子只知索取，不知付出；只知爱己，不知爱人；要求独享，缺乏独立。

2.给孩子过分关注。就是孩子得到一家人时刻的关照。过年过节，亲戚朋友来了往往嬉笑逗引没完，有时候大人们坐一圈把孩子围在中心，一再鼓励孩子表演节目，掌声不断。这样爱的结果是孩子自以为自己是中心，把自己当成“小太阳”，渐渐让自己变得骄傲自满，自以为是。

3.对孩子的要求轻易满足。就是父母对孩子的各种要求有求必应。只要孩子提出要求即使在家庭经济条件不允许的情况下，也想方设法满足孩子物质的需求。这样的爱的结果是孩子的贪婪之心逐渐滋生起来，对物质的需要越来越高，以自我为中心的意识恶性膨胀，并且毫无忍耐和吃苦精神。

4.允许孩子生活懒散。孩子饮食起居、玩耍学习没有规律，要怎样就怎样，睡懒觉，不吃饭，白天晃晃荡荡，晚上看电视到深夜等。这样的孩子长大后缺乏上进心、好奇心，做人得过且过，做事有始无终。

5.对孩子祈求。边哄边求着孩子吃饭、睡觉或学习，答应孩子条件后，孩子才完成自己的事情。这样本来是孩子自己的事情，导致他还误以为是父母的事。容易造成孩子不辨是非，没有责任心不懂感恩，教育的意义丧失殆尽。

6.对孩子的事包办代替。就是父母常常替孩子做好一切，使孩子不能做自己力所能及的事，不做任何家务事，不帮助父母减轻负担，不会学着用自己的力量克服困难，自己的事情自己不会做。这样爱的结果，将失去一个勤劳、善良、能干、上进、富有同情心的孩子，孩子经不起挫折困难，受不得一点委屈，成了温室里的花朵。

7.对孩子的行为大惊小怪。本来“初生牛犊不怕虎”是孩子的天性，孩子不怕摔跤，摔跤以后往往自己不声不响爬起来继续玩。由于父母见不得孩子经受一点点磨难、痛苦，孩子摔跤了，惊慌失措；孩子走在雨中，大呼小叫。这样就造成了孩子对父母的依赖性，参与生活感受体验的机会减少，孩子的胆子越来越小。

8.剥夺孩子独立自主的机会。为了绝对安全，父母不让孩子走出家门，也不许他和别的小朋友玩。更有甚者，有的孩子成了“小尾巴”，时刻不能离开父母或老人一步，搂抱着睡，偎依着坐，驮在背上走；含在嘴里怕融化，吐出来怕飞走。这样的孩子会变得胆小无能，丧失自信，养成依赖心理，还往往成为“把门虎”，在家里横行霸道，到外面胆小如鼠，可能造成严重后果。

9.袒护孩子的错误。就是当孩子做了错事，父母就帮孩子打圆场，推卸责任，甚至会找出各种理由为孩子开脱。这样会让孩子对错误行为没有认识，或者总以为做错事有父母帮助，变得天不怕，地不怕。其后果不仅孩子性格扭曲，有时还会造成家庭不睦。“我爸是李刚”就是这方面的典型案例。

由此可知，溺爱只会毁掉孩子的前程，这种溺爱的种子会生长出与父母的愿望相反的果实，有时还会结出“恨”的果实。

父母的舐犊之情完全可以理解，但爱不应该是盲目的，不应该是溺爱。真正意义的爱，是父母掌握好爱的分寸，懂得爱是着眼长远，是为了孩子健康的成长。父母要学会拒绝不利于孩子成长的、不合理的爱。孩子的成长犹如树的生长，也需要及时扶正、修枝。有时父母的爱要隐藏，爱在心里，要学会适当放手，适度狠心。孩子自己能做的事，绝不包办代替；对孩子的缺点和错误要及时指出来，并帮助其克服和改正，绝不袒护；孩子不合理的要求，要学会说“不”。这样做，看似无情却有情，是科学的爱，是正确的爱。

那父母具体怎么做，才能防止对孩子的溺爱呢？

1.父母要学会拒绝孩子不合理的要求。要想改掉溺爱孩子的习惯，父母首先要懂得家庭教育的意义和方法，要学会理性地教育孩子，不要无原则地满足孩子的要求。要给孩子设定行为边界，不是孩子想怎么就怎么；想要什么就满足什么。要让孩子能够接受父母说“不”。任何孩子都不会因为父母对自己说了一次“不”，就觉得父母是坏妈妈或坏爸爸。

2. 父母要让家里没有特殊的成员。父母不要在家里，把孩子当作特殊的一员，不要搞特殊化，家庭成员一律平等。不能把孩子当自己的特殊物品，给以特殊的照顾。孩子虽然还小，但要培养孩子独立自主的习惯和能力。既要把尊老爱幼当作家庭的文化、家风，又要把家庭成员之间的相互尊重、相互关心、相互宽容理解落实到具体的生活细节中去。家庭的每位成员都要为家庭的幸福做出自己力所能及的努力。

3. 父母要能接受孩子的发怒和哭闹。孩子不可能每时每刻都精神抖擞、表现出色，任何孩子都会有发怒哭闹、调皮捣蛋的时候，这是非常正常的。所以，当孩子发怒或者对一些事情提不起兴趣的时候，父母不妨坦然接受，不要过于紧张。如果孩子一出现问题，父母马上就跑去安慰他或者满足他的一些无理要求，那么孩子就会习惯于用吵闹来解决问题。

4. 父母要让孩子经受风吹雨打。父母要端正教育培养孩子的态度和认识，不要事事包办代替，要让孩子学会劳动，做一些力所能及的事情。要让孩子有生活的体验，能经受挫折、委屈、失败，必要时父母要给孩子人为地制造一点小小的挫折，在实践中提高孩子的抗挫折能力和培养孩子吃苦耐劳的精神。这样，才能在长期潜移默化的教育中使孩子获得承受挫折的能力，最终战胜生活中的风风雨雨。没有经受风吹雨打的孩子永远生活在襁褓中，很难自立自强。

◆爱要有方，严要有度

家庭教育中的爱往往容易两极分化。要么爱得没有原则、毫无节制可言，让爱演变成溺爱；要么严得过了头，不近人情、严而无格。“溺爱有毒，是对孩子的伤害。”前面已谈过。这里说说对孩子“爱要有方，严要有度”。

一位妈妈拿出一大一小的两个苹果，放在儿子面前，问他：“儿子，这两个苹果，你想要哪一个？”儿子不假思索地说：“要那个大的。”这位妈妈马上学着孩子的口气说：“妈妈也想要那个大的，看它又红又大，它肯定很好吃呀，怎么办呢？"儿子想了一想说："那把苹果分成两份吧，一起吃。"这位妈妈狠狠地亲了一口儿子，又赖皮地说："妈妈要吃整个的，不要分的。"

儿子不说话了，也许心想："天啊，怎么有这样一个妈。"

这时，这位妈妈笑眯眯地说："这样吧，我们来比赛吧，你收拾你的玩具，妈妈收拾房间，谁又快又好地干完自己的事，谁就可以得到这个又红又大的苹果。"结果，儿子比这位妈妈快一点点完成了任务，赢得了那个最大的苹果。

这是一位有家庭教育经验的妈妈，为了让孩子收拾好玩具，这位妈妈在教育过程中既有爱，也有严。

那么，父母怎么才能做到"爱有方，严有度"呢？

第一，父母要做到爱有方。父母爱孩子，就要让孩子吃点苦。适当地让孩子吃点苦是对孩子毅力和生活能力的一种锻炼，也是一种大爱。俗话说："人不吃苦枉少年。""嚼得菜根，百事可做。"

父母爱孩子，就要让孩子感受到爱。父母爱护、关心孩子时，同时要让孩子意识到父母的爱。只有当孩子心里有父母爱自己的想法时，父母耐心的帮助，或严厉的批评，孩子才会乐意接受。反之，如果没有取得孩子的信任，无论父母教育目标多么正确，都无法达到期望的教育效果。

父母爱孩子，就要注重对孩子爱的方式。父母对孩子爱的方式很重要，方式不同，孩子接受的情感和引起孩子内心的感受也大不相同。只有真正热爱孩子的父母，才会对孩子提出严格要求。

第二，父母要做到严有度。"严"是父母的责任和义务，是爱的另一种表达形式。没有爱便没有教育，但只有爱，孩子没有了一定的约束也是不行的。父母对孩子"严"，是理所当然的，是培养人的需要，任何时候对孩子严格要求都是正当和必要的。正如马卡连柯所说："如果没有要求，那就不可能有教育。"

傅雷先生爱儿子，但绝不溺爱、娇纵。穿衣、吃饭、站立、行动、说话这样的生活小事，傅雷都提出了严格的要求。比如进餐，傅雷就注意孩子是否坐得端正，手肘靠在桌边的姿势是否正确，吃饭时是否发出失礼的咀嚼声。当傅雷发现孩子不爱吃青菜，专拣肉吃，并不听警告时，就罚傅聪吃白饭，不许吃菜……

（张凤丽，《小蜜蜂 高考作文素材解析与运用》，有删改。）

教育不应该是一个平面，而应该是一个立体，教育的方法不是单一的，而是多维度的。如果教育只有轻松、好玩，父母只有微笑、温柔，那家庭教育很难担当促使孩子茁壮成长的重任。

当然，如果过度地严，就会变得死板，没有自由的空间。要求过严，结果是剥夺了孩子发展所需要的宽松环境，影响了孩子健康个性的形成。这样的孩子往往会很听话，但渐渐失去自尊、自信，失去勇于向上、百折不挠的劲头，失去敢于说真话的勇气，做人胆小怕事、不敢创新，做事缩手缩脚、犹豫不决。这显然是家庭教育的失败，是对爱的曲解或爱的尺度没有把握好所导致的结果。

真正为孩子好的“严”，应该是严而不厉。缺乏严格要求、放任自流是对孩子的不负责任，但严格不等于严厉，严厉意味着父母态度强硬、武断、偏执、刚愎自用，有时还表现出冷漠、冷酷无情，严厉会让孩子产生惧怕、退缩的心理。久而久之父母的“偶像”地位会消失，而一些不良心理会滋生。因此，父母对孩子的态度应该注意分寸。

父母要严而有格，“格”就是范围、尺度。就是父母要根据具体情况，具体向孩子提出自己的要求和主张。如果父母严而无格，不仅不能达成父母的愿望，反而会让结果更糟。父母要力争做到严于律己、严在理后、严而有法、严无偏见。

总之，在教育孩子时，爱与严是辩证统一的。父母要把握住对孩子“爱”与“严”的度，做到爱中有严，严中有爱，爱而不宠，爱而有度，严慈相济，严而有格，让孩子体会什么才是真诚的爱，严是爱的一种表现，是“爱在深秋”。理想的家庭教育应该“爱有方，严有度”。

对待孩子的缺点和错误要有宽度

这里的宽度，是指父母要胸怀宽广，对孩子有宽容、包容之心，同时把握好宽容的分寸。

在家庭教育中，父母对孩子适度的宽容是十分必要的。对孩子的教育不能过严。如果过严，孩子的行为就会过于拘谨，不利于孩子个性的张扬、思维的发散，甚至孩子会觉得父母冷漠，没有人情味。

在家庭教育中，父母需要一份爱心、宽容心，但更重要的是对孩子要有一份责任心。对待成长中的孩子不能过宽，如果过度宽容，就会把宽容转化成纵容，孩子就会变得懒散，没有规矩，为所欲为。

◆对孩子要多些宽容

海纳百川，有容乃大。雨果曾说过：世界上最广阔的是海洋，比海洋还广阔的是天空，比天空还广阔的是人的心灵。

宽容是一种美，犹如狂风暴雨后天边的彩虹；宽容是一种力量，支撑人们熬过数九寒冬，盼来阳春三月；宽容也是一种魅力，一颗宽容的心衬托出一种迷人的人格。著名主持人白岩松在喜得贵子时写下《生命的邮件》一文送给爱子。

如果所有的美德可以自选，孩子，你就先把宽容挑出来吧。也许平和安静会很昂贵，不过，拥有宽容，你就可以奢侈地浪费它们。

宽容能放松别人，也能抚慰自己，它会让你把爱放在首位，万不得已才动用恨的武器；宽容会使你随和，让你把一些人很看重的事情看得很轻；宽容还会使你不至于失眠，再大的不快，再激烈的冲突，都不会在宽容的心灵里过夜。于是，每个清晨，你都会在希望中醒来。

一旦你拥有宽容的美德，你将一生收获笑容。

父母对孩子适度的宽容是十分必要的。孩子还蒙昧无知，有缺点，不懂事常会犯错误，反复犯错误。父母应当理解、包容、宽容和原谅孩子的不足、缺点甚至错误，等待、期待缓慢发展的孩子，长此以往，孩子就会从内心感到自责，并在悔恨、内疚中对自己的过错深深地反思，继而改正自己的错误。

小强10岁那年同爸爸一起去姑妈家做客。

好动的小强不留神把花瓶打碎了，当时谁也没看见。后来，姑妈问是谁打碎的，在场的小朋友们都否认是自己打碎的。小强爸根据平日对自家孩子的了解，已经猜到是自家小孩子打碎的，但他没有揭穿，而是保持沉默，等待小强从心中萌发对自己行为的羞愧感。

一个月后，小强难过地告诉了爸爸事情的真相。小强爸安慰并给小强讲了道理，宽容了他。

小强的爸爸知道孩子在内心深处进行着一场道德的斗争，最后小强诚实的品质取得了胜利。

从孩子成长的角度来说，犯错和成功一样不可避免，一样有意义。孩子犯错误的过程，就是孩子不断尝试、不断创新、不断成长的过程。孩子因为害怕犯错，什么也不敢尝试，小心翼翼、胆战心惊地成长，那才是最大的失败。错误也是一种美丽，孩子有了错，父母一定要平静对待，给予宽容，把它当成是孩子进步、成长的机会，不能因害怕孩子犯错，而不给孩子尝试与体验的机会。

父母的宽容是对孩子自信心的保护，是孩子健康成长的一种动力。父母的宽容为孩子的成长留足了自主反思的机会。一位懂得教育的父母，一定懂得宽容。当孩子因犯错误而有心理压力的时候，父母应主动与孩子交流和沟通，共同分析孩子犯错的原因，找到解决问题的方法，这样就能唤起孩子对父母的尊重、信任和理解。反之，如果父母缺少宽容，总是看不到孩子取得的成绩和进步，即使意识到了孩子有进步，取得了成绩，马上就会要求孩子要虚心不要骄傲，甚至会鸡蛋里挑骨头，就会扼杀孩子刚刚获得的一点自信。

相传古代有一位老禅师，一日傍晚在禅院里散步，忽见墙角有一张椅子，他一看就知道有位出家人违犯寺规越墙出去了。

他没有声张，走到墙边，移开椅子，就地而蹲。少顷，果真有一个小和尚越墙而来，黑暗中踩着老禅师的背跳进了院子。

当他双脚着地时，才发现刚才踩的不是椅子，而是自己的师傅。小和尚顿时惊慌失措，张口结舌。但出乎小和尚意料的是，师傅并没有厉声责备他，只是以平静的口吻说：“夜深天凉，快去多穿一件衣服。”

（孟智罡，《宽容获得精彩人生》，有删改。）

这个老禅师宽容地对待犯错的小和尚，更难能可贵的是他运用了很巧妙的方法让小和尚知错悔改、健康成长。

总之，有宽容意识的父母，往往是自信的父母。有宽容行为的父母，往往是具有亲和力的父母。父母多一些宽容，那么，孩子就会多一份空间，多一份阳光！

◆对待孩子要宽严有度

如果对孩子过宽，孩子就会懒散，无规矩；如果过严，孩子行为就会过于拘谨，不利于孩子个性的发展、思维的发散，甚至觉得父母冷漠，没有人情味。所以，父母要掌握好一个尺度，力争做到宽严有度。

那么，在具体的家庭教育中怎么做到宽严有度呢？

首先，父母的严不应该排斥对孩子的宽容和理解。在家庭教育中，对孩子严格，可以培养孩子良好的生活和学习习惯，养成良好的思想品德。父母要看到孩子的优点，也要容纳孩子的不足。闲暇时，不妨跟孩子开个玩笑，玩个游戏，活动中，不妨写上几句鼓励孩子的话。在孩子受到挫折时，不妨多开导多鼓励。在孩子取得成绩时，不妨真心赞扬。对待孩子要平易近人，谈话交流要真诚。当孩子达到目标时，要给予肯定和赞赏，培养孩子的信心。

其次，父母的宽并不意味着孩子的行为不能被批评。不管怎样，孩子的行为之所以被宽容，意味着孩子的行为本身的错误程度在可原谅的范围之内。在宽容孩子的言行，保护好孩子自尊心的同时，一定要指出孩子所犯的错误，使孩子认识到缺点，促使其改正错误，更好地完善自己。父母要避免情绪性的批评，要清楚，自己说出来的话对孩子是有指导作用的。如果说一些情绪性的话，会让孩子无所适从；如果出现情绪失控，甚至怒骂孩子，会严重影响家庭教育的有效性。

最后，父母的宽也不应该排斥惩罚。宽容教育有其合理性、科学性和必要性，但不能一味推崇宽容、赏识而排斥其他的教育方法，片面认为所有的好孩子都是“夸”出来的。父母有时还要对孩子的过错实行惩罚，只有通过必要的惩罚才能让孩子对严重的过错行为有畏惧心理，从而使孩子在面对类似情况的时候变得谨慎，学会三思而后行。父母必须让孩子知道哪些行为可以原谅，哪些行为必须接受惩罚。父母向孩子表达要求时，要完整且明确，要用肯定的语气，否则孩子可能会因为听不懂父母的要求，或是要求太过于模糊，而无法落实。

总之，孩子有缺点和错误是在所难免的，父母要带着爱心、宽容心去看待和对待孩子。只要用心去探索，用心去研究，认真体会感受，多观察学习请教，就能掌握好教育这门学问，做到严格而不严厉，宽严有度。

◆放弃唠叨的教育方法

父母的唠叨是一种负面情绪，也是一种焦虑的表现。从理论上说，适度的焦虑有教育的作用，能影响孩子的情感，但如果父母把这种情绪和焦虑转变成唠叨时，孩子就难以承受或者习以为常，就失去了教育的意义。所以，父母要尽可能随时观察孩子的情绪，当孩子负面情绪有所累积时，就不要再唠叨了。

那么，父母如何调整自己，不再唠叨呢？

1.父母要尊重、认同、接纳孩子。父母要学会接纳孩子，接受孩子的短处和缺点，要尊重孩子，保护孩子的自尊心和自信心。其实，这已不单是解决唠叨的问题了，而是整个家庭教育的基础。只有积极关注孩子的父母,才能及时发现问题,甚至在事情发生以前,就做好预防工作,防患于未然。

2. 父母要与孩子构建良好的亲子关系。俗语说“话不投机半句多”。其实,在亲子关系良好的家庭,父母的一言一行孩子都会很在乎,用不着唠叨。即或有的父母爱唠叨,孩子也不会感觉烦,也不会感觉到难听和反感,理解父母的良苦用心。当然,父母要尽可能减少唠叨,特别不要抱怨指责孩子,不能影响亲子关系。

3. 父母要善于调整自己的情感状态。唠叨的根源在于父母的焦虑,因此父母要注意调整自己的情绪,一是不能把自己生活中的压力和不得志,转嫁到孩子身上;二是孩子终归是孩子,要允许其犯错,并给予其改过的机会。父母要调整对孩子过高的期望,不然可能导致唠叨。当父母有情绪时,要暗示自己少说,把想要说的话“咽”下去。观察发现,情绪轻松的父母,会使孩子降低“防御”心理,显得比较听话。

4. 父母要学会用多种方式交流沟通。如果父母事无巨细,对孩子反复强调和叮嘱,不仅使孩子听到后面就忘记前面,还会因为话太多都没有讲到点子上,孩子不知道到底哪个是重点,结果会适得其反。所以,对一些孩子不容易记住的事情,与其不停地用嘴说,还不如给孩子写一个备忘纸条,放到孩子容易看到的地方。如果孩子不愿与父母沟通,父母也不要着急发火,要等一等,给孩子留下时间思考。父母与孩子沟通前,要有所准备,才不至于无效唠叨。

5. 父母要给孩子独处的时间和空间。孩子也需要独立思考,需要时间和耐心。父母不要以“关心”的名义过度关注孩子,不停地对孩子问寒问暖,这样反而会打断孩子的注意力,影响孩子对生活学习的正常体验。另外,父母不能因为过度地在乎分数,不停地唠叨,让孩子倍感压力。

6. 父母要抛弃想当然的思维模式。父母要学会倾听孩子的心声。让孩子多说一点,这不仅对判断孩子的实际情况和了解孩子的真实想法大有帮助,也对最后问题的解决,提供了有效的方法。所以,父母要静下心来,让孩子把话说完,有不同的意见也不要着急打断和进行指责。父母只有了解孩子的真实想法,或者了解事情的真实情况,才能有效地帮助和教育孩子,才不会唠叨。

7.父母要给孩子自我成长的机会。父母的唠叨，出发点是好的。如果父母从小敢于撒手，让孩子早一点摔跤、犯错，这比他们长大以后再出现类似情况要好。每个孩子都有成长过程，只有当孩子完成与年龄相应的事情时，孩子才能获得直接的经验，这样父母就没有唠叨的机会。父母一定不要一边唠叨，一边又剥夺孩子做事的机会。

8.父母说话要考虑到孩子的年龄特点。孩子的语言发展是有一定规律的，思考问题也不会很成熟，无法按照成人的对话方式进行交谈。所以，父母在与孩子交流沟通时，一是不要说一些孩子听不懂的词语或句式，让孩子不能理解父母的真实意图，这直接导致问题不能解决；二是不要带假设性地提问，让孩子感到被审问，觉得父母在唠叨，也不信任自己。

总之，父母想要避免唠叨，主要问题就是要推己及人，将心比心。父母与其一直絮叨，不如多理解和认同孩子，给孩子一些成长的空间，该放手时要放手，该住口的就住口，不要情绪化地教育孩子。

◆要做到宽容而不纵容

宽容孩子，是爱孩子的表现，但对孩子的宽容绝不等同于对孩子一味地纵容。

宽容非纵容，宽容过度就是纵容，纵容退一步就是宽容。宽容是在对方知错的前提下的一种谅解，给他人纠错留有一定的空间；而纵容则是在对方不肯承认错误的情况下的一种熟视无睹，使其越陷越深，不能自拔。宽容与纵容虽然只有一步之遥，但它能改变人的命运。

对待孩子，父母需要一份宽容心，同时也要有对孩子的一份责任心。对待成长中的孩子如果一味宽容，将会使孩子得寸进尺，错误得不到纠正，就会变成纵容。现实生活中，有的父母对孩子的错误、坏习惯不及时纠正，纵容孩子，结果孩子没有得到父母及时正确引导，没有形成良好的行为规范，最终使孩子成为一个放荡不羁，没有责任感，没有自强自立人格的人，甚至走向犯罪。

有一对夫妇老来得子，二人把孩子当成了宝贝，视为掌上明珠，“含在嘴里怕化了”，时时处处护着孩子、宠着孩子。

在与别家孩子发生纠纷时，明知是自己孩子的不对，但经不住自家孩子的再三哭闹，便去挑人家的“毛病”。久而久之，孩子的这种“优越感”越来越强，甚至发生“裂变”。由此助长了孩子不良行为的形成，在失德的道路上越走越远，最终锒铛入狱。

夫妇老泪纵横地说：“是我害了孩子！是我‘亲手’送孩子进监狱的。”

（《山西日报》，有删改。）

一旦宽容变成了纵容，宽容就被视为软弱，父母便会失去了应得的尊重，说服教育变就得苍白和无力。

因此，父母在教育孩子时，一定要宽严相济、松紧有度，要为孩子在“可以”和“不可以”之间划一条清楚的界限，使孩子的行为有章可循，学会忍受一时的不舒服、烦心事，甚至忍受必要的痛苦。面对孩子的不良行为，父母一定要及时制止，绝不能手软，不然宽容就会演变成纵容。

1.不允许孩子养成不良习惯。如果该睡觉了，孩子却要玩耍，父母可以指指墙上的挂钟或手表，示意孩子到就寝时间了。如果父母允许孩子一而再、再而三地晚睡，规律的作息和良好的生活习惯就难以养成。所以，无论孩子找什么理由，父母都要想办法拒绝。

2.不允许孩子无理取闹。生活中，有的孩子得不到满足就耍横，看见自己喜欢的东西就要，如果父母不满足，就一屁股坐到地上或在地上打滚。父母对待这样的孩子，一定要表明态度。如果孩子听不进父母的话，无理取闹，不妨置之不理，或者佯装离开，任其哭闹。妥协是不明智的，否则孩子的任性将变本加厉。等孩子冷静之后，通过讲道理或讲故事等方式，使之明白，懂事的孩子招人喜欢，撒泼、哭闹的结果是什么也得不到，而且令人讨厌。

3.不允许孩子强势霸道。对孩子在生活中动手强抢东西或打人的行为要坚决制止、严肃批评，如果给小伙伴造成了伤害，必须道歉。同时，要教育孩子明白道理，学会接受不如意，学会尊重他人。对于孩子的霸道行为，除了批评和讲道理外，有时还要施以一定的惩罚。

4.不允许孩子不诚实、撒谎。平常父母要鼓励孩子说实话、真话。做错事不可怕，要敢于承认，要对自己的行为负责。对诚实的行为父母要表扬和鼓励，对撒谎的行为要严肃地批评教育，甚至给以一定的惩罚。父母如果对孩子的撒谎行为不予追究，任其发展，就等于助长孩子这一不良习惯，会让孩子在谎言的泥潭里越陷越深。

5.不允许孩子顺手牵羊。如果孩子拿了他人的东西，父母一旦发现就应立即带孩子归还物品，并让孩子亲自道歉，学会勇于承认错误。许多孩子还没有“物权”意识，认为自己喜欢的、想要的就可以拿走。对此，父母千万不要采取“下不为例”的态度，而要及时引导。

总之，父母对孩子有宽容之心是完全正常的，然而凡事都有一个度，切莫丧失原则，过度的宽容就是纵容。

对孩子的表现评价要有准度

这里的准度，指父母对孩子在学习上、生活中的表现状况给予针对性的、易于接受的、利于孩子心理健康的、起到推动孩子积极向上的评价。

在家庭教育中，父母要在尊重和理解孩子的基础上，在保护好孩子自尊心的前提下，给予孩子科学的、正确的评价。有准度的评价让孩子产生自信心、成就感；有准度的评价引发孩子思考，正确认识自己，进而去努力追求更好的发展。

在家庭教育中，父母要特别注意及时评价、及时反馈。父母评价时，既不能过高，也不能过低。过度的表扬或欣赏会让孩子脱离实际，会让孩子骄傲自满、好高骛远、自负自恋；过低的批评或小看孩子，会导致孩子自尊受损，出现自卑，甚至会自暴自弃。

◆把握好对孩子的评价

正确评价孩子，早已成为现代教育关注的焦点。著名教育学家夸美纽斯曾说："父母的嘴，就是一个源泉，从那里可以发出知识的溪流。"父母在评价孩子时，不单单是一个等级，一个分数就可以，而是要体现在对孩子尊重和关爱的基础上，通过科学合理有准度的评价，帮助孩子认识自我，发现自己的潜能和特长，建立自信心，促进孩子有所改变或提升，达成父母教育的目标要求。

父母要尽可能地做积极评价，正向引导孩子成长。即使是孩子违了规、犯了错，也要在指出错误的同时，挖掘孩子的优点，给予积极评价。

教育家陶行知当小学校长时，有一天看到一个学生用泥块砸自己班上的同学，当即喝止他，并令他放学时到校长室里去。

放学后，陶行知来到校长室，这个学生已经等在门口了。可一见面，陶行知却掏出一块糖送给他，并说："这是奖给你的，因为你按时来到了这里，而我却迟到了。"学生诧异地接过糖。

随之，陶行知又掏出一块糖放到他手里，说："这块糖也是奖给你的，因为我不让你再打人时你立即住手了，这说明你很尊重我，我应该奖给你。"那个同学更诧异了。

陶行知又掏出第三块糖塞到他手里，说："我调查过了，你用泥块砸那些男生，是因为他们不守游戏规则，欺负女生。你砸他们，说明你很正直善良，有做斗争的勇气，应该奖励你啊！"那个同学感动极了，他流着泪后悔地说："陶校长，你打我两下吧！我错了，他们毕竟是我的同学啊！"

（陈彩燕、郭树斌，《做个有情怀的老师》，有删改。）

陶行知先生没有采用常见的批评教育，而是去发现孩子好的方面，并给以积极的评价。那么，父母在家庭生活中如何正确实施评价，才能既保护孩子的自尊心和积极性，又能提高孩子的认知水平呢？

1.父母要多角度地评价孩子。现实中，许多父母的评价标准单一，常常以分数、听话作为评价标准。不能全面地、多角度地评价孩子，容易忽视孩子在过程中的变化和成长。显然，这种评价是不科学的。父母要树立正确的成才观，从多个角度、多个方面评价孩子，既要看孩子的学习成绩，又要看孩子的学习方法、习惯、身心状况和做人。父母不能只从自己的功利目的出发，只看重孩子的学习成绩。

2.父母要客观公正地评价孩子。客观公正地评价孩子是对父母的基本要求。评价要掌控好一个度，既不能用溢美之词，"廉价"地表扬；也不能一棍打死，轻易否定。如果见到什么、听到了什么，不加分析、主观臆断，随意肯定或否定，就会造成评价的失准、失误，引起孩子不在乎，甚至反感，这就丧失评价的权威性和严肃性。对于孩子在学习生活中的"出格"表现，父母只有弄清事情的来龙去脉，全面了解，才能把握住事情的是与非，给以孩子准确的评价。

3.父母要注意孩子对评价的可接受性。单纯的正确评价是不够的，还要充分考虑孩子对评价的可接受性，这样才能真正让父母的评价内化为孩子自己的行为准则，在孩子内心引起共鸣，让孩子树立起坚定的信心，并经过努力达到预期目标。因此，父母对孩子评价时要抱以诚恳的态度，让孩子从内心深处感到父母是在关心、爱护、教育、帮助自己，尤其是指出孩子的错误和缺点时，要真诚，要心平气和，让孩子从父母的评价中感受到温暖和亲切。

4.父母要用发展的眼光评价孩子。父母在对孩子进行评价时，切忌程式化、僵化地去看待和评价孩子，要意识到孩子正处于成长发展的过程中，有无数种可能。要坚信孩子是有发展潜力的，寻找和发现孩子身上的闪光点。既要对结果进行评价，更要关注过程的形成性评价，要面向未来、重发展，进行综合的评价。父母要多观察，注意发现孩子的进步，并及时加以肯定，运用评价的导向性，让孩子明确自己的前进方向和要达成的目标，萌生勤奋努力的信念。

5.父母要常用鼓励性评价方式。在孩子的“学”与“做”的过程中，往往会出现与父母期望的标准有一些差距或较大差距的情况。即使孩子在经过努力后，还是没有明显的进步，这时，父母就应适当地采用能够增强孩子的自尊心、自信心，激发孩子的主动性和自觉性，鼓励孩子不断上进的评价方式，合理运用鼓励性评价。如果孩子在原有的基础上有进步，要及时地给予肯定性的评价，这种评价要适当高于孩子的实际水平。只有这样，父母的评价才会有效地改变孩子的自我认知，激发孩子做事和学习的积极性，牵引孩子不断向前。

6.父母的评价方法应该多元化。每个孩子都是独特的，也是出色的。父母在评价孩子的时候，就要对孩子抱以积极、热切的期望，并乐于从多角度来观察、评价和接纳孩子，寻找和发现孩子身上的闪光点，发现并发展孩子的潜能。评价时要定性与定量相结合，实现评价方法的多样化。父母既要对结果进行评价，更要关注过程的形成性评价，面向未来、重在发展的评价。父母还要培养孩子自我评价的能力，使孩子养成自我反思的习惯。

总之，父母正确的、恰当的评价能给孩子带来巨大的动力，孩子是发展中的人，有着无限的发展前景，要用好评价这一工具，促进孩子健康的成长。

◆表扬孩子要有准度

表扬是父母对孩子常用的评价手段，也是教育成功的法宝之一。父母只要能灵活地、准确地运用好表扬，家庭教育就会有收获。

每个孩子都有被尊重悦纳、被肯定认可、被欣赏表扬、被鼓励赞美的心理需求。乌申斯基曾说过："成长中的孩子，迫切地想得到别人的肯定与赞美，肯定自身的价值。"父母在教育孩子时，如果能把握好孩子的心理，恰到好处地给予孩子评价，不仅能让孩子高兴，也会构建良好的亲子关系。

现实中，有的父母对孩子的缺点很敏感，对孩子的优点视而不见，吝啬表扬，这样会让孩子产生放弃优点的想法和行为，甚至有的孩子还会故意做出消极的事，以此来引起父母的关注。

当然，表扬也要有度，如果父母无原则地表扬孩子，要么导致孩子缺乏自我意识，每做一点小事都希望得到表扬，否则就拒绝去做；要么让孩子反感，觉得父母的表扬虚假，是对自己的侮辱，不仅不能起到鼓励的作用，还会让孩子难受。

一位妈妈，有一个12岁的儿子，儿子班上搞了一次手工比赛，要从众多的作品中评选出一、二、三等奖，名额有12个。

回到家，儿子沮丧地拿出自己的作品。她一看，当即就表扬说："儿子，你做得真棒！"可还没等她说完，儿子就像机枪似的向她开了火："你又随便表扬，你还以为我是六七岁的时候。告诉你，我这个作品，是最没有创意的，我知道你在鼓励我，怕我伤心。可你知道吗？你的鼓励实际是对我的侮辱，你每次这样，我都挺难受的。"

妈妈一听，话就塞住了。

（柴一兵，《60个妙招帮你培养孩子的责任心》，有删改。）

过度的表扬，无论是过高，还是过多，都不利孩子的成长，这就需要父母做到表扬恰当，掌握好表扬的“火候”。

那么，在家庭教育实践中，父母在表扬时要注意些什么呢？

1.父母的表扬要目的明确。表扬的是孩子的进步和优点，这样的表扬才会把孩子引向父母想要的正确方向。父母不要根据个人喜好来评判孩子的表现，否则很可能让孩子变成看父母脸色行事的“小滑头”，或让孩子逆反。只有表扬的目的性明确，对孩子才可能产生积极的作用。

2.父母的表扬要有真情。教育家陶行知说过：教育是心心相印的活动，唯独从心里发出来的，才能打动心灵的深处。古人云：感人心者莫先乎情。只有真情才能动人。

3.父母的表扬要及时。孩子做了好事，有了好成绩，孩子希望得到表扬时，父母要给孩子及时、恰如其分的表扬，不要拖延，这样才能对孩子产生强化的作用。

4.父母的表扬要有针对性。表扬要有针对性，最好涉及细节，是对孩子某个行为和某次进步的表扬，这样孩子就会明白哪些是好的，是正确的，孩子就有了努力的方向，而不是泛泛地表扬孩子，表扬过后，孩子也不知道好在哪里。

5.父母的表扬要看过程。父母要看孩子做事的过程，因为孩子常常“好心”办“坏事”。如果父母对孩子做事的动机、过程进行表扬，对不满意的结果做提醒或建议，孩子的心情就放松了，就会放开手脚做自己喜欢的事，还会非常乐意帮父母做其他家务。

6.父母的表扬要与奖励相结合。孩子表现得好，可以适当地给一些精神奖励和物质奖励，不过，应以精神奖励为主。父母奖励孩子的方法很多，用目光、微笑、言语赞许或是利用节假日带孩子游玩、走访亲友等。物质奖可以是孩子喜爱的一个玩具，也可以是一个美观实用的文具盒或是有趣的图书。

总之，在家庭教育的过程中，父母要用好表扬。如果运用得好，就能达到预期的效果，反之，如果不能正确地运用表扬，可能就达不到父母想要的效果。

◆批评孩子要有准度

孩子在成长过程中，犯错误是在所难免的，如果父母对这些错误视而不见，不及时批评教育和引导纠正，将是十分危险的。没有受过批评并接受批评的孩子，是很难明辨是非的。但是，如果批评过度，则会伤害孩子的自尊心，让孩子看不到自我。

如果父母面对孩子的错误或不足抱怨、发火，经常发脾气批评孩子，或者对孩子求全责备，甚至对孩子采取打骂教育，面对这样的教育，孩子即使表面上服气了，实际上只是摄于父母的威严，心里并不服气，有的孩子反而越来越不听话，与父母对着干。所以，父母批评孩子时，一定要顾及孩子的自尊心，不要以为孩子做错了事，就一定会接受批评。

一位相国微服出访，路过一片农田，坐下来休息，瞧见农夫驾着两头牛正在耕地，便问农夫，你这两头牛，哪一头更棒呢？农夫看着他，一言不发。

等耕到了地头，牛到一旁吃草，农夫附在国相的耳朵边，小声地说，告诉你吧，边上那头牛更好一些。国相很奇怪，问："你干吗用这么小的声音说话？"

农夫答道："牛虽是畜类，心和人是一样的。我要是大声地说这头牛好那头牛不好，它们能从我的眼神手势声音里分辨出来的我评论，那头虽然尽了力，但仍不够优秀的牛，心里会很难过……"

（焦颖，《新概念语文阅读 七年级》，有删改。）

由这个故事想到教育孩子。父母如果随意地大声呵斥孩子，或者不管是什么场合，有什么人在场，只顾自己说得痛快，全然不理会孩子是否承受得了，这样的批评往往起不到好的教育作用。父母不要以为批评是良药，再苦涩，孩子也愿意吞下去，或者以为孩子越痛苦，越说明对这次教育的印象深刻。其实，这是错误的做法。

父母只有走进孩子的心灵，准确把握孩子的情感，巧妙使用批评语言和行为，才会收到更好的教育效果。有位妈妈对孩子犯错时的教育方法就值得大家借鉴。

有位妈妈有两个孩子。

一天，哥哥放学回家，这位妈妈说：“冰箱里有两个苹果，你们哥俩一人一个。”哥哥很快吃完了自己的苹果，弟弟还没回来。哥哥站在冰箱前，一直考虑着要不要把弟弟的那个也吃掉。

最后，他打开冰箱门，拿出了那个不属于自己的苹果。就在这时，妈妈进来了，哥哥赶快把苹果藏在了身后。母亲把这一切看在眼里，没有说什么，只是拿着自己需要的东西又出去了。

做晚饭时，妈妈打开了冰箱，发现里边还躺着一个苹果，脸上露出了微笑。

（李轶君，《妈妈决定孩子的一生》，有删改。）

批评教育是艺术，父母务必要认真学习和体会，把好批评教育的准度，让家庭教育的批评更具实效性，那么，如何批评孩子才有准度呢？

1.父母批评时要让孩子感到温暖。父母与孩子之间要有一种朋友式的关系，这是教育孩子的前提条件。父母只有处处流露出对孩子温暖的关怀、无私的爱和充分的信任，孩子才会敞开心扉，跟父母说真话，接受父母的批评指正。

孩子犯错后，情绪往往会比较低落，父母在批评教育孩子后，应及时给孩子一些心理上的安慰，比如，说“爸爸妈妈也有犯错的时候，知错能改，重新再来”之类的话，或者握握孩子的手，拍拍孩子的肩，或者给孩子一个微笑，一个拥抱等。这样，就会让孩子感到，虽然犯了错，但父母还是关爱和信任自己的，孩子就会对父母充满感激，也会对自己充满自信。

2.父母批评时要尊重孩子。在批评孩子时，父母要遵循“以人为本”。不可用损伤孩子自尊心的恶语，比如，“蠢货”“笨蛋”“没出息的东西”等，这是在无意中给孩子戴帽子、贴标签，让孩子觉得原来自己是这样的人。所以，父母批评时一定要注意尺度，说话要留有余地，必要时要表扬与批评混合进行。应该设法寻找孩子错误中的闪光点，肯定孩子以前的努力和成绩，批评中的肯定是最有效的批评，不仅可以督促孩子改正错误，还可以帮孩子建立自信，收到良好的教育效果。

父母要了解自己孩子的个性特点，因势利导。对性格内向、敏感、疑心较重的孩子，父母可用提醒、启发或提问之类的语言与孩子交谈，也可用微笑、眼神等体态语言暗示性地批评孩子。对于性格外向、反应较快、脾气暴躁的孩子，则可采用“商讨式”的语调平等地和孩子交流，循序渐进，心平气和地把批评的信息传递给孩子，让孩子逐步认识到自己的错误，逐步做到自我约束，自我管理，不断取得进步。

3.父母批评要及时或者选择好时机。孩子一旦有错，父母应该尽快指出，趁热打铁，才能真正起到督促作用。“你等着，晚上找你算账！”这是一种策略失误。孩子的错误如果比较严重，采用冷处理是必要的，但不能拖延太久，否则，错失教育的最佳时机，事倍功半。

如果父母发现孩子的错误迟了，或是当时一些事情耽误了父母的批评行动，使得父母不得不延迟批评，那么这个时间的选择就非常重要了。应该在两个人都心平气和的时候进行，先让孩子自己回忆所犯的错误，如果他拒绝回忆或者回忆不出来，就由父母将事情“复述”一遍。“复述”的越详细越好，让孩子充分回忆起当时自己的想法和做法，这样，虽然批评并不那么“及时”，但也能起到作用。

4.父母批评时要选择好地方。孩子都希望得到尊重，尤其是那些较敏感的孩子，不要在朋友同学亲人面前让孩子出丑。当众批评往往会伤害孩子的自尊心，最容易引起孩子的厌烦心理。有的父母认为，当着别人批评孩子，可以更好地激发孩子的自尊心，刺激孩子改正错误，但孩子的心灵是脆弱的，这样往往更容易让孩子受到伤害。

一般说来，应选择清静的地方，让孩子没有面子上的顾虑，这样孩子更能够坦然地接受父母的批评教育。哪怕是父母的批评有些严厉，孩子也会默默地承受。但不宜大喊大叫，这样只会引起孩子的反感，造成父母与孩子间的紧张关系，起不到好的教育效果。

5.父母批评时要讲究说话艺术。在批评之前，应该评估一下这件事情的严重程度，找准需要的语气。对于孩子一般性的过失，父母心平气和地启发孩子，使孩子更容易明白父母的用意，愿意接受父母的批评和教育。有时父母要以低于平常说话的声音批评孩子，这样容易让孩子注意倾听你说的话，往往也比大声训斥的效果要好。当然，如果事情已经需要严肃对待的时候，父母就应该提高嗓门让孩子感觉到事情的严重性。

批评时要针对孩子所做的这件事本身讲道理，用简明、扼要的话语指出他的错误所在，语气要适中，引导孩子朝正确、积极的方向发展，不可唠唠叨叨，加入过多的个人感情色彩，将孩子以前做的错事也说出来。此时最需要的就是耐心，不要给孩子的这次行为做出夸大的结论，这样不仅会伤害到孩子，还会让孩子对父母的批评产生抵触，不论父母再怎么说，孩子也不会认真改正了。

6.父母批评时要相互配合。如果孩子有了过错，爸爸批，妈妈护，教育效果会相互抵销。中国有句古话叫“严父慈母”，很多家庭至今还沿袭着这一传统。父母在教育孩子时，尽量不要一个唱红脸，一个唱白脸。因为如果这样，当孩子犯错后，孩子所想的不是如何去认识和改正错误，而是积极去寻求一种庇护，寻求精神的“避难所”，甚至可能因此变得肆无忌惮，为所欲为，所以，当孩子犯错后，父母一定要旗帜鲜明，保持高度一致，形成“统一战线”。

父母对孩子的批评方式可有差别，但必须口径一致，配合默契。只有父母共同努力，才能让孩子正视自己所犯的错误并努力去改正自己的错误。

7.父母的批评要有限度。如果孩子只是犯了一个小错误，父母就给孩子一顿疾风骤雨般的批评，那么，孩子就感觉父母管得太严，或者有一种“反正要挨批评”“又要挨批评了”的想法，久而久之，孩子就会把错误放大。有的父母认为自己是真心实意地疼爱孩子，随便喊几声、骂几句无所谓，可是孩子并不这样理解，孩子觉得高声大骂让自己很没面子，没有尊严。

另外，父母批评孩子也不能过于频繁，不要让孩子对批评教育习以为常，当成家常便饭，这样，会让孩子产生抗批评“疲劳症”，要注意批评的质量。

总之，批评的最终目的，是让孩子接受道理，改正错误，因此，批评孩子时，父母要讲究批评的方式方法，避免批评情绪化、泛滥化、简单化、急躁化，唯有如此，批评教育才算有准度。

◆不要给孩子否定性评价

家庭教育中经常会听到父母对孩子说:“你怎么这么笨呢”“你气死我了”“怎么这么不听话”“你又在撒谎了”等,许多父母没有意识到这样否定性的评价,对孩子是多么的不合适,会给孩子造成多大的伤害。

对孩子做否定性评价,把孩子说得一文不值,一棍子打死,会使孩子有挫败感,心情沮丧,减弱自信,产生自卑。有的孩子破罐子破摔,从此一蹶不振;有的孩子对家庭、社会有一种报复心理;有的孩子会通过行为来表现或证明自己,而这种行为可能是不正确的,得不到父母认可的。一些心理问题就是这样在不知不觉中形成的,其负面影响会在将来的学习生活中一点点显现。

孩子的某种不足或某种现象被父母说的次数多了,很容易让孩子以为自己就是这样的孩子,不知不觉中在孩子的潜意识里便有这样的自我定位。所以,父母千万不要轻易给孩子做否定性的评价,千万不要说孩子不行,千万不要让孩子轻易放弃。

因此,父母要给孩子积极的暗示,积极的评价,避免对孩子做否定性评价,这样对孩子才会有真正的帮助。建议父母做好以下几点。

1.父母要准确评价孩子的行为。父母要全面地看待和评价孩子,讲清楚给予积极评价和结论的原因,不可以片面地或就某一个方面去做定性结论。父母只有具体地实事求是地表扬孩子,如“你是一个懂事的孩子”“相信你会很努力地去做一件事”“你是个诚实守信的孩子”,才能让孩子形成一种规范力量,并转化为自我心理认知,成为自我暗示的动机和能量。

2.父母要用发展的眼光评价孩子。孩子处于成长期,做不好事、做错事,都是正常的。随着孩子的长大,其心智逐渐成熟,见识增长,一些问题自然而然就不是问题了。作为父母要相信自己的孩子,目前任何一种缺点和不足都有转化的可能,每个孩子都有变得更加懂事、更加优秀、更加完善的潜力,父母要有耐心,着眼发展,静待花开。

3.父母要用豁达宽容的心态评价。作为父母要有理解宽容孩子的心态,同时,不能在面对孩子时表现得过于谨慎,要以一种豁达的心态去感染孩子。对孩子追求完美的心表示理解和肯定，同时让其知道，只要自己努力了，不完美也没有什么大不了。对于过于重视别人看法的孩子，父母要做的就是从自己身上找原因，以身作则，让自己变得豁达宽容，不要对孩子的一言一行表现得过度关心，以免给孩子造成压力。

4.父母要避免给孩子贴上消极的标签。贴标签，是对孩子的评价固定化，不利于孩子的教育和成长。每个孩子的可塑性都很强。给孩子贴标签，从正面的角度看，是表现父母对孩子的积极期望。从负面的角度看，是给孩子的一个消极评价，“笨猪”“胆小鬼”“没出息”等消极的标签像魔咒一般，也许让孩子终生都难以摆脱，误导了孩子对自己的认识，伤害了孩子的自尊心和自信心。即使有的孩子有缺点或不足，父母也没必要给孩子一个落后的、缺陷的定性符号，这样孩子就会形成一个错误的心理定位。

总之，孩子的内心是敏感的，但还不具备很好的是非判断能力，容易受外界的影响，这就需要为人父母者设法保护好孩子的心灵，不要随意给孩子否定性评价，而是给孩子提供一个自由轻松的成长空间，给孩子信心与力量。

对孩子的期望要适度

这里的适度，是指父母要以孩子已有的情感、态度、价值观和知识储备为前提，以孩子所处的客观环境为基础，为满足孩子的个性发展要求，而提出的有可能实现的期望目标。

在家庭教育中，期望不可缺少，因为期望是一种呼唤，它传递着父母对孩子的肯定、满意、赞赏和希望；期望是一种激励，它促使孩子主动发现自我，提高自我。父母对孩子的期望要适度，“超标”和“低标”的期望都不利于孩子的发展。

在家庭教育中，如果父母只把考试分数或升学作为期望，这会制约或伤害孩子健康成长。在产生期望之后，父母不能只是“等”“望”，而要热情地和科学地引导孩子，要和孩子一道脚踏实地地去做。

◆向孩子提出期望要艺术

由于孩子与父母感情深厚、关系亲密，孩子为了让父母满意和高兴，往往会自觉地将自己的实际表现同父母的期望进行对比，并希望取悦父母，所以说，父母的期望对于孩子是有巨大影响力的。

父母的期望是一种积极的态度，对孩子来说是一种促使其努力向上的精神要素，是潜在的动力。积极的期望能促使孩子向好的方向发展。如果父母对孩子不抱有任何期望，是一种不负责任的态度，客观上对孩子起着消极的作用。

懂得家庭教育艺术的父母，会用好教育期望艺术，树立起积极的育儿观。用期望激发孩子自身的积极力量，并创造条件增加孩子的体验，使孩子逐渐靠近或实现父母的期望。

公元前276年的一天,阿基米德的父亲费狄亚带着阿基米德来到海边,指着远方问道:“孩子,你知道地中海的对岸是什么地方吗?”

阿基米德极目望去,除了湛蓝湛蓝的海水和翱翔着的点点海鸥,什么也望不见。但他不假思索地回答:“那里有一个名叫埃及的国家,爸爸。”

“对的。”费狄亚高兴地点点头,“在埃及,有一个港口叫作亚历山大里亚,在那里,聚集了很多著名的学者,还有藏书丰富的亚历山大里亚图书馆和博物馆。亲爱的孩子,你愿意到那里去学习吗?”

阿基米德向往极了,他睁大了明亮的眼睛,肯定地点点头说:“要是能够到那里去学习,我真太高兴了,爸爸。”

海浪卷着白色的浪花,一浪推着一浪,拍打着岸边的礁石,发出轻微的响声。费狄亚说:“孩子,大海现在很安静,可是,有时候它会发怒的。你不怕航行中怒涛把你吞没吗?”

“怕。”

“你将离家很远很远,不想念爸爸和你亲爱的妈妈吗?”费狄亚望着孩子稚气的眼睛,又试探地问。

“我当然会想念您和妈妈。等我学习完了,就回家来看望你们。”

“你不会感到孤单吗?亲爱的孩子,在亚历山大里亚,可只有你一个人啊!”费狄亚将手伸向年幼的阿基米德,轻轻地抚摸着他被海风吹乱了的蓬松卷发。

“怎么会呢,您不是说过,在那儿有许多的学者和去求学的年轻人,还有藏着许多许多图书的图书馆吗?我可以在那儿认识新的老师和新的同学,我会有新的朋友,还可以看很多的书,我不会感到孤单的,您放心吧!”

费狄亚看到阿基米德有这样的决心和勇气,就决定想办法送他到亚历山大里亚去求学。

许多年后,阿基米德没有辜负父亲的期望,终于成了名扬千秋的“想撬动地球的人”。

(杨皓然,《家庭教育金钥匙:开启孩子成才之》,有删改。)

父母对孩子的期望，是一种信任，一种鼓励，一种爱，有如催化剂、加热剂，能开发和唤醒孩子未表现出来的潜能，对孩子个性的发展起着导向和强化的作用。父母的期望，犹如在孩子心中点燃了前进路上的一盏盏明灯，无论是风吹雨打，还是风和日丽，都将促使孩子不断前进，不断攀登。

那么，父母怎样艺术地向孩子提出适度的期望呢？

1.父母的期望要目标明确。只有目标明确具体、操作性强，孩子才能准确地估计其实现的可能性，才能表现出积极性。父母要根据对孩子的了解，提出符合孩子客观情况的，并对孩子未来发展有帮助的期望目标。目标提出既要关注孩子学业成绩、才干能力等，又要关注孩子意志品格、兴趣爱好、情感态度、习惯性格等。

2.父母的期望要合理合情。合理就是要符合国家、社会、学校和个人的需要，符合时代的潮流。合理的期望对社会和个人的发展具有积极的作用。如果仅仅从父母的角度看是合理的，但孩子是排斥的，那么这种期望是不能转化为孩子需要，更不能内化为孩子动力，就没有实行的可能。父母的期望要合情，是指符合孩子的主客观条件，孩子对父母的期望是配合的、互动的，是共同的需求和追求的目标，具有实现的可能性。

3.父母的期望要恰当。父母对孩子期望的不能有偏差，如果父母对孩子有过高的期望或者过低的期望，孩子会有不同情感态度反应。有的孩子会以消极的态度和行为对待父母，甚至还会拒绝接受父母的期望。所以，父母在选择和确立期望目标时，要尽可能适度，满足孩子个性发展的需要，让孩子对父母提出的期望目标有兴趣。

4.父母的期望不要过于功利化。如果父母的期望过于片面化，只追求教育的功利、世俗的一面，把分数、升学当作唯一的目标，不欣赏孩子勤学、坚强等品格，那么父母的“期望艺术”就变味变质了，最后只会失效。父母要懂得成功的定义对每个孩子来说是不同的，健康的身体、健全的人格、和谐的家庭本身就是一种成功。

5.父母的期望要具有挑战性。只有那些具有挑战性的，超出于原有水平，但通过努力可能达到的期望，才有吸引力，才有激励性。可望不可即或者唾手可得的期望都是不可取的。跳一跳，摘到的桃子才是最甜的。挑战性的期望要符合孩子的个性特点,父母要注意观察孩子对期望的反应。

6.父母的期望不能干扰孩子的自我期望。父母的期望通过孩子认知活动产生效应,从而影响和改变孩子的自我观念,影响孩子学习的自信心和自觉性。一般来说,孩子总是根据自己的认知能力、兴趣、理想等自我意向来确定自我期望。如果父母的期望满足孩子的个性,并与孩子的自我期望一致,那么产生的是正效应,反之,则会产生负效应。

7.父母的期望要注意内隐。父母的期望不应当是交易,而应当是温情脉脉的感化;不应当是口头上的说教,而应当满怀期望,潜入孩子的心灵;不应只是居高临下、大喊大叫的命令,而应当是在生活中无声无息的暗示和提醒。任何只是为了满足父母一方心愿,而没有孩子自觉接受过程的期望,都不是适度的期望。

8.父母要耐心等待。父母要知道孩子领会和接受自己的期望,需要一定的时间和过程。教育是慢艺术,任何急躁情绪,都将适得其反。所以,期望要有信心、决心和耐心,即使一时看不出明显的效果,也不要灰心丧气、半途放弃。况且,实现期望目标的过程更反复多变,需要父母适时给孩子帮助和力量,更需要父母不急不躁、充满信心地等待。

总之,期望只有不断调节,才会不断完善;只有适度的期望,才会对孩子产生好的影响,才会促使孩子不断进步。父母的期望是一种巨大的教育力量,是一种呼唤,是一种契合,是一种激励,将期望艺术在家庭教育中广泛应用,相信会有好的结果。

◆如何发挥期望效应

给予孩子期望是父母在家庭教育中不可缺少的教育艺术,会产生期望效应。期望效应会牵引孩子朝着父母所期望的目标发展;它让父母与孩子在认识、情感及思维上形成共振;它能促进父母由传统的教育观走向现代的教育观;它能帮助孩子解决在探索以及心理发展过程中遇到的困难。

那么，如何发挥期望效应呢？

1.父母要了解孩子。了解孩子是有效发挥期望效应的前提。孩子是一个个有灵魂、有血肉、有思想的独一无二的鲜活生命，其身上有无限潜能，有待父母去发现、挖掘和开发。同时，每个孩子都有其个性，这就要求父母必须深入地、有计划地了解自己的孩子，了解他们的心理特点、行为表现、兴趣爱好、价值观念等，并进行综合分析研究，捕捉孩子个性中的积极因素，并以此为出发点，设计符合孩子个性的，经过努力能够达成的期望目标。

2.父母要做到真爱育人。情感教育是有效发挥期望效应的关键。感人之心，莫先于情，没有了情感、没有了爱，就没有真正的教育。情感在教育中的作用是由教育的本质特点决定的，它不仅在孩子的心理活动中具有广泛的影响，而且在孩子的认知活动和实践活动中具有强大的推动作用。

3.父母要设置梯度期望目标。梯度达标是有效发挥期望效应的途径。父母要加强具体指导，期望的达成是建立在一点一滴的小事上的，要督促孩子脚踏实地，按计划实现各个阶段小目标，磨炼自己的意志，增强其动力。要让孩子在实现目标过程中感受到父母的关注、期望、信任与鼓舞。梯度目标有利于孩子达成小目标，遥望大目标。另外，父母要注意设置的每一个级别的目标要明确，不能目标过多。目标过多会干扰孩子追求的视线。

4.父母要帮助孩子达成期望。父母有了对孩子的期望后，不能只是等、望，而要热情地鼓励和科学地引导孩子，要脚踏实地地去做。如果父母只把"期望"作为一种教育技巧，当作一种迅速改变孩子的灵丹妙方，用上一剂，就会立马见效，或者以为只要父母给了孩子几句鼓励，就幻想收获预期的效果，那么父母的期望很可能成为奢望。许多时候，空洞的期望只会成为孩子不堪承受的压力。

5.父母要对孩子达成期望充满信心。期望是一个以父母的信念唤起孩子的自我信念，以父母的持久努力激发孩子不断努力的过程。父母一定要明白期望的背后有坚定的教育信念的支持，是相应的教育行为的跟进。特别是对那些长期处于困境的孩子,期望就意味着不仅要对他们的进步抱有坚定的信念,而且,还要辅以长期的有针对性的教育措施。只有父母对孩子的期望始终如一,并坚信孩子通过努力一定会达成,那么孩子才能在父母的影响下建立起自信,进入自主发展的阶段。

总之,在家庭教育中,只要父母了解孩子、关心孩子、信任孩子、帮助孩子,对孩子的未来充满信心,善于发现孩子的优点和长处,努力去挖掘孩子的潜力,期望效应常常可以发挥其强大而神奇的威力。

◆对孩子的期望值不能过高

父母从一开始,就有了对未来生活的期望,就对孩子有了期望,甚至有一些具体的规划。

期望是一种有信心的等待,父母对孩子寄以期望,是对孩子的信任,有利于孩子增强自信心、进取心,是孩子不懈努力的驱动力。

但是,如果父母对孩子的期望值过高,脱离孩子的实际,不仅不会起到积极作用,反而会起消极作用。孩子经过努力满足不了父母的期望,不仅让孩子背上了沉重的包袱,给孩子平添了极大的痛苦,也给父母自身带来了无限的烦恼。这会让父母由美好的期望,逐渐变得灰心、无望或失望,甚至是愤怒的绝望。父母就会对孩子丧失信心,会有一种失败者的压抑感,这种情绪还会传染给家里的所有人,进而影响家庭的生活质量。

如果父母对孩子的期望值过高,当孩子无法满足父母的要求时,就会影响父母对孩子的满意度,就会经常无意识地伤害孩子。如果父母对孩子不满意,可能引发孩子的心理问题。孩子的承受能力毕竟有限,如果压力过大又找不到释放渠道,就容易出问题。不少孩子用逆反来"抗压"。

著名数学家丘成桐谈家教时说:"我发觉中国的家长都望子成龙,都渴望孩子是天才,都希望孩子能一举成名,为此从小就给孩子上各种班,弄得孩子非常痛苦。”还说：“不要让孩子做他不愿做也做不到的事，不要给孩子太大的压力，任何事情过度了都会适得其反。”

（宋娟，《女孩父母必读 养出好女儿》，有删改。）

还有，如果父母对孩子倾注了全部的爱，同时又对孩子提出过高的要求，希望在孩子的身上实现自己某种理想与宏愿，一旦孩子尽最大的努力也难以达到时，孩子就会产生极大的心理压力，甚至焦虑不安，产生逃避和逆反心理。少数孩子当压力超过了自身的承受能力时，在逃避和逆反心理的支配下很可能会离家出走，以至误入歧途，个别孩子还会做出过激的行为。这种关爱下的过高期望是有害的。

特别需要说的是，父母对孩子的学习成绩往往有过高的期望，这种过高的期望会造成以下方面的问题。

1. 造成情绪障碍。父母在学习上过高的期望，会给孩子太多的学习压力，会使孩子特别容易紧张、担忧，没有信心，尤其当孩子一旦对学习产生了厌倦感，再学习时，就会产生心理障碍，严重的还可能产生“强迫症”。一心望子成龙，却不能与孩子很好地沟通，忽略孩子本身的特点，一厢情愿地向孩子提出过高的要求，给孩子造成了很大的心理压力，这样下去，孩子不仅学习搞不好，还会造成情绪障碍。

2. 损害人格发展。父母如果催促孩子去做超过其身心发展和知识能力的事情，会使孩子产生过多的无奈、羞愧、内疚、自卑和无能感，会对父母不信任，甚至敌视。同时，由于孩子感到所学习的东西太难、太多，需要依赖父母教才会，并且自己往往不如成人做得好，久而久之，就会让孩子过分依赖父母的指导，从而损害孩子正在萌生的自主感、自信感。

3. 让亲子关系紧张。过高的期望会让父母不断催促、强迫孩子去学习，孩子可能会抵触或逃避，叛逆心理加重，这样亲子关系会变得紧张，甚至可能出现冲突。

故此，尊重客观事实和孩子的能力，科学地引导和开发孩子的潜能，少给孩子增加压力，才是父母该做的。那么，父母具体应该怎么做呢？

1. 父母要懂得尊重孩子。一是父母要把孩子当“人”看，不能当附属品，当满足自己愿望的工具；二是父母不要给孩子提出过高的要求，不要施加过大的压力，尤其要善待那些为了获得父母的爱而不断努力，却又不能一下子,甚至始终不能达到父母要求的孩子;三是父母应该理解孩子已经承担了巨大的社会压力和心理压力,从精神上给孩子爱和支持;四是父母应从孩子自身实际出发,尊重孩子的兴趣及爱好。

2.父母要提出适度的期望。父母要明白并不是对孩子期望越高,孩子就越成功。只有适度的期望才有利于增强孩子的自信心、进取心,才能驱动孩子努力向前。如果父母的期望过高,脱离实际,不仅不会起积极的促进作用,反而会起消极的作用,只会妨碍孩子智力的发展,阻碍孩子的健康成长,很可能会出现揠苗助长的后果。心理学上有这样一个规律——期望值越高,失望值越大。当然,期望也不能过低,过低的期望要么让孩子轻松达到而骄傲自满,要么孩子觉得父母小看自己。所以,父母对孩子的期望值要适度。

3.父母要明确孩子的成功标准。大多数的父母认为,学习成绩是衡量孩子成功的最重要标准,其实,做人才是孩子成功的标准。孩子成功的关键在于综合素质的发展,多项研究表明,那些最成功的人士绝大多数在学校中并不是学习成绩最优秀的学生,他们成功的关键在于他们的综合素质,而不只是学习成绩。明智的父母不会把目光只放在孩子的学习成绩上,而是想办法去培养孩子各方面的能力。

◆积极的心理暗示很重要

积极的心理暗示,就像一阵润物无声的细雨,悄悄滋润着孩子稚嫩的心灵,对于培养孩子规范的举止、优良的品性、良好的习惯具有很重要的意义。

心理学家说,暗示是指通过语言、手势、表情等施加心理影响的过程,暗示的结果是使受暗示的人在心境、情绪、兴趣、意志方面发生变化。暗示教育最大的特点就是“暗”,在潜移默化、不知不觉中影响孩子稚嫩的心灵。与说服教育相比,暗示教育能融洽教育者与被教育者之间的关系,含蓄而委婉,避免说理教育给孩子带来的压抑感和逆反心理,让孩子在无形中具有良好的道德认识和行为举止以及坚强的情感意志。

孩子对父母的依赖性，决定了孩子，特别是小孩子在心理上具有容易接受暗示的特点。父母不同的暗示方式会给孩子不同的心理感受，积极的心理暗示带给孩子的是积极的认知和体验。

两位年轻妈妈分别带着自己的孩子在小区里玩耍。当看到美丽的蝴蝶在草地上翩翩起舞时，两个孩子跑着去追赶，不小心都摔倒了。

一位妈妈赶紧跑过去抱住孩子，心疼地说："乖乖，摔疼了吧？"孩子哇的一声大哭起来："我好疼啊！"

而另一位妈妈则站在一旁，淡淡地说："没关系，自己爬起来。"这位孩子若无其事地爬起来，又继续奔跑着玩去了。

同样是摔跤，为什么一个孩子显得脆弱娇气，而另一个孩子却表现得坚强勇敢呢？这跟两位妈妈不同的教育方式有关。前一位妈妈紧张不安的态度在暗示孩子，摔跤是很疼的，从而在心理上增加了孩子疼痛的感觉，使孩子变得娇气，这是消极的暗示。而另一位妈妈淡然平静的态度暗示孩子，摔跤没什么大不了的，自己应该勇敢地爬起来，这是积极的暗示。

那么，父母如何对孩子进行积极的暗示呢？

1. 父母要学会在日常生活中，不露声色、不留痕迹地表露对孩子的期待和积极的评价，培养孩子的自信心。在家里，父母对孩子的行为要做积极的心理暗示，比如，"你会更加努力的""你一定会成功的"。这样会使孩子变得更加快乐自信，更加愿意开动脑筋思考问题。

小刚5岁时，父母问他将来想干什么。他非常果断地说："当博士。"

有一天，他拿起经常坐的一个小凳子，把它放在头上，兴奋地高喊："妈妈，您看我像博士吗？"妈妈一边说着像，并给小刚拍下了照片，一边给小刚讲博士的相关知识。

从那以后，他开始严格要求自己，走路的姿势也变得斯文起来，仿佛真当上了博士。

（引自：http://youer.xdf.cn/201211/9186266_3.html，2021-6-2，有删改。）

小刚妈对小刚幼稚的行为不仅没有进行打击，反而用拍照的方式给了小刚信心和鼓励，并抓住机会引导孩子，让小刚感受到妈妈对自己当“博士”的支持。

2.父母要学会在别人面前大方地赞美、表扬孩子，让孩子沿着父母暗示的方向发展。父母可以告诉他人：“我家孩子学习很努力，评上学习标兵了。”“我家孩子很懂得孝敬老人，在小区碰见老人总要问好。”尽管这些话不是直接对孩子说的，但孩子听在耳里，记在心上。

茜茜和妈妈在幼儿园门口和另一个小朋友的妈妈说话，小朋友的妈妈问：“你们茜茜在家吃饭乖吗？爱吃蔬菜吗？”茜茜紧张地望着妈妈，只听妈妈说：“茜茜知道蔬菜有营养，即使碰到不喜欢的也愿意吃一点。”

晚饭时，本来不爱吃蔬菜的茜茜竟然不用妈妈唠叨，大口大口地吃着蔬菜。

小茜妈在回答小朋友的妈妈的问题时，注重了分寸，既没有在别人面前撒谎说茜茜爱吃蔬菜，也没有说茜茜不吃蔬菜，给茜茜留足了面子，茜茜在无形中被妈妈话语暗示。

3.父母要学会用自己的言谈举止为示范，暗示孩子，培养孩子的良好行为习惯。生活中，父母说话客气，待人礼貌，去商场自觉排队，在公园不随地乱丢果皮纸屑。父母用自己的言行暗示孩子，良好的行为习惯被孩子所效仿。

茜茜和妈妈坐公交车，到了一站，上了一位老大爷，妈妈赶紧站起来给老人让座。茜茜在自己的座位上坐了一会儿，想了想，站起来对妈妈说：“妈妈你坐。”

不久后，茜茜又和妈妈坐公交车，车上有几个空位，妈妈坐下了，可茜茜还站着，妈妈说：“怎么不坐呢？”茜茜仰起小脸，微笑着对妈妈说：“我留给婆婆爷爷坐。”

茜茜妈用自身的尊老行为为孩子树立了榜样，其实也是在暗示孩子该怎么做。有怎样的父母，就会有怎样的孩子。

4.父母要学会在无形中暗示孩子，培养孩子正确的道德、行为规范。当孩子在活动中表现好的时候，父母给孩子赞赏、肯定、微笑的眼神，让孩子体会到成功的愉悦；当孩子在活动中遇到挫折时，给孩子鼓励、安慰、爱抚的目光，让孩子感受到勇气和力量。这些饱含情感和爱的积极暗示，能对孩子产生更大的影响。

茜茜和小朋友们一起玩儿猜谜语，妈妈们则在一旁聊天。

一个小朋友说了一个谜语，茜茜猜出来了，张张嘴却没有说话，茜茜望向妈妈，妈妈也微笑着看茜茜，眼神里满是鼓励。

茜茜不好意思地冲妈妈笑笑，说出了谜底。妈妈还望着茜茜笑，茜茜从妈妈眼里读到了赞赏和肯定。

总之，父母在向孩子表达期望时，要学会多采用积极的暗示，积极的暗示是父母教育孩子的法宝，无形无痕的教育才是最好的教育。父母要把对孩子的教育融入生活的每个细节或情景中，通过设喻、讲故事、做游戏、角色体验等启发孩子；利用榜样的力量感染孩子；通过暗示性的语言激起孩子的好胜心；通过父母的神态表情，让孩子体会到成功的愉悦，让孩子感受到勇气和力量。

对孩子的赏识要有灵活度

这里的灵活度，是指家长在家庭赏识教育中，表现出的灵活不拘泥的教育特点。

在家庭教育中，赏识鼓励是最常见，也是很有效的教育方法。没有赏识，就没有教育。赏识教育，是在承认差异、尊重差异的基础上产生的一种良好的教育理念；赏识教育，是引导孩子积极向上，走向成功的有效方法；赏识教育，是帮助孩子获得自我价值感，发展自尊、自信的动力。

在家庭教育中，父母的赏识教育，要减少赏识的盲目性和主观性。过度的赏识是一种溺爱，是骄傲自满、妄自尊大的催化剂。只是赏识孩子的学习和分数，是重“术”轻“道”的赏识。称职而又有灵活度的父母要善于观察、发现、赏识孩子的闪光点，赏识孩子各方面的优点。

◆没有赏识，就没有教育

赏识能给孩子带来快乐和力量。美国心理学家詹姆斯那句名言：“人性最深刻的原则就是希望别人对自己加以赏识。”卡耐基说：“使人发挥最大能力的方法，就是赞美和鼓励。”可见，人性中最深切的需求，是对被人赏识的渴望。

一位母亲对同事讲了一件关于她儿子的小故事。

她儿子今年上小学三年级了，特别淘气，老师经常批评他，从来也没有表扬过他。

有一天，她儿子高高兴兴地跑回家，对她说：“妈妈，今天老师夸奖我了！”她也很高兴，就问：“老师怎么说的？”孩子的回答简直要把她气死了，孩子说：“老师夸我检讨书写得挺好！”

这位孩子的心灵像久旱的田地，渴望被赏识，渴望肯定的甘霖。所以，父母要多给孩子一些赏识。没有赏识，就没有教育。

赏识是孩子生命中不可缺少的阳光、空气和水；赏识是热爱孩子、尊重孩子、善待孩子、悦纳孩子；赏识是父母与孩子沟通的桥梁，能增加彼此的信任，融洽亲子关系。孩子会因为有父母的赏识，而获得真正的幸福，感觉自己是个好孩子，感觉自己拥有“金色”的生活。

父母对孩子的赏识教育，在于引导孩子向更健康的方向发展。如果父母不懂赏识，只是一味否定、嘲讽，就会浇灭孩子希望的火花；如果父母该赏识而没有赏识，势必错过了教育的良机。即使是“坏”孩子，也需要父母竭力去找他身上的闪光点，需要父母真心地去赞扬、鼓励和引导。

父母对孩子的赏识教育，就是父母发自内心对孩子的欣赏，这种欣赏不仅可以通过夸赞的语言表达出来，也可以在不经意间，通过表情、肢体动作流露出来，而这些微妙的信息，孩子都会敏锐地捕捉到。

严昊，严介和之子，曾是世界五百强企业排名第166位的严氏家族企业的第二代掌门人。

“我们严氏家族，家庭教育不存在什么奥秘，不过在我身上体现出来的，尤其明显的是赏识教育！”严昊说，他是在父母的赏识中成长的，从小到大，父母对他的态度都是“好也是好，不好也是好，刚刚好”，结果他“上去了就下不来”，“甚至到了不上都不行的地步”。

小学、中学、大学学习期间和初涉职场时，严昊都是在父亲的个性化赏识教育中得到磨炼，在另类家庭教育方式的历练下，使他一点一点地向“太平洋建设掌门人”这一角色靠拢，并最终成功接过太平洋建设董事局主席的权杖。而在严昊上大学前和严介和退休后，父亲和儿子基本不谈学习、不谈业务、不谈企业，最多的就是“谈心”。长期的教导，使儿子和父亲，甚至和父亲的父亲一样，变得“心态阳光、心地善良、心灵柔软”。

“我教育出来的儿子，能力是年龄的20倍！”“认识严昊的人都说，他一年一个样。”严介和对儿子的评价很高。严昊心里明白，到现在，父亲到处演讲，还到处吹捧他，实际上还是在延续着一贯的赏识教育，这让他在父亲巨大的光环之下，仍踌躇而内敛地探索属于自己的生活方式，让责任与感恩成为心灵的注脚，变得更加平和而宽容、善良而坚忍，而且不能停下前进的脚步。

严昊说，赏识教育就是“多赏识，少谴责；用其长，容其短；刀子嘴，豆腐心”。他主张帮助孩子成长，就要对孩子进行赏识教育，无论在学习还是生活中，都应该尽量去称赞、赏识孩子，让孩子自然提升到一个个高度，一步步成长起来。

（《海口日报》，2014年9月，有删改。）

所有孩子和严昊一样，都可以通过父母的赏识，获得自尊、自信、自爱、自强。父母应做好赏识教育，建立良好的亲子关系，保护好孩子的积极性，挖掘孩子的潜能，充分调动孩子做事的主动性，从而培养孩子的独立性、耐挫力，激发孩子奋进的勇气和力量。

真正的赏识教育，父母要从自身的修心开始，由内而外的赏识，才能够真正发挥赏识教育的作用。那么，父母如何做好赏识教育呢？

1.父母要有一双发现美、欣赏美的眼睛。每个孩子都是独特的，独一无二的，父母在平常的家庭教育中，要有一双发现美、欣赏美的眼睛，要善于抓住赏识孩子的机会，要善于挖掘孩子的闪光点并及时给予强化，让孩子的优点在父母的欣赏和赞美中发扬光大。教育学者孙云晓说：“成功父母与失败父母的区别是，前者将孩子对的东西挑出来，把他的优点挑出来，而不明智的父母，一眼就看到孩子的缺点。”美国成功教育学家希尔也曾经说过：“每个孩子都有许多优点，而父母总是盯着孩子的缺点，认为管好孩子的缺点才能让孩子更好地成长。其实，这样做就像蹩脚的工匠，是不可能造出完美瓷器的。”事物都是多元化的，看孩子的任何问题都应从尽可能多的角度去了解分析，避免以偏概全、笼统否定。

2.父母要把抱怨变成赏识，让孩子在赏识中进步。孩子做错事是常有的，比如，打碎东西、买错物品等；孩子做不好事也是常有的，比如，收拾不好玩具和自己的小房间，做事懒懒散散、拖拖拉拉等。面对孩子的表现，有的父母喜欢抱怨。其实，抱怨是家庭教育的大忌。抱怨不能解决任何的问题，只是父母为自己的教育失误找借口，把责任归咎于孩子和其他。抱怨只会让孩子产生消极的情绪，气馁的行为。孩子会认为自已表现差才让父母生气，这样，孩子要么自责，要么自卑，要么与父母相互抱怨。抱怨是非理智行为，是不良情绪的表现。理智的父母应从抱怨中走出来，把抱怨变成赏识。父母只要给孩子一个赏识，就是给孩子一生的灿烂。

3.父母要对孩子的进步，及时地给予赏识和鼓励。每个人都希望获得别人的认同，孩子更是如此，尤其是来自父母的肯定。孩子通过自己的努力，在学习中取得好成绩，或在生活中把某件事做得出色，这时候，父母应该为孩子感到高兴，毫不吝惜地把赞扬及时地送给孩子，让孩子感觉到父母发自内心的赏识和期望。有时候，孩子需要的不仅仅是父母一句赞扬的话，还需要得到父母的重视和关心。如果父母及时赞赏孩子的表现，并对孩子表达真心的赏识和热切的期望，就会传递给孩子一种强大的精神力量，这种力量不仅可以让孩子更加努力和自信，而且会促进孩子的智能发展和身心健康，大大增强孩子对学习和生活的信心和勇气，从而激励孩子奋发向上，让孩子健康快乐地成长。

4.父母要在人前称赞、表扬自己家的孩子。赏识教育的理论就是对孩子要多赞扬、多鼓励，少批评、少责骂。在亲戚朋友面前，孩子的自尊心更加强烈，如果父母当着亲戚朋友的面称赞、表扬孩子，就能使孩子产生成功感和荣誉感，从而增强他们学习和做事的信心。反之，如果当着亲戚朋友的面批评和训斥孩子，将会极大地伤害孩子的自尊心。所以，父母应该把对孩子的赏识扩展到亲戚朋友的面前，要善于在人前赏识和尊重自己的孩子，让孩子充分感受到父母对他的重视和欣赏，从而激发孩子产生无穷的力量，变得更加的自信。

5.父母要赞赏孩子的勤奋学习和努力做事。作为父母，应该赏识孩子的勤奋和努力，对孩子的勤奋学习和努力做事给予最热情的支持和鼓励。一个人最终能否发展好，主要还是在于他是否勤奋和努力。每个孩子的智力水平相差并不会很多，只不过有的人在这方面更擅长一些，有的人在那方面更擅长一些。当孩子在学习或其他方面取得优异成绩时，不要把这个成绩归功于孩子的先天优势，而是要把关注点集中在孩子的后天努力上，让孩子感觉到只有努力才能获得父母的认可和夸奖，同时，让孩子明白聪明往往只能决定一时的成败，而努力则决定一世的命运。

6.父母要善于在失败和错误中赏识孩子。每个孩子都免不了会犯这样那样的错误，而孩子正是在不断犯错误、纠正错误的过程中成长起来的。父母要善于在孩子的错误中发现优点，并用赏识的态度和语言设计充满爱心的教育场景，在对孩子的赏识中完成"润物细无声"的教育。所以说，重要的问题不在于孩子是否犯错误，而在于父母采取何种态度让孩子认识并纠正错误。

总之，赏识孩子并不是高深的教育理论和难以办到的行为，父母只用一句鼓励的话语，一个期待的眼神，一个亲切的手势，就会让孩子感到无限温暖，给孩子留下深刻的印象。只要父母学会赏识，适时鼓励，适度赞赏，就能点燃孩子的信心之火，就能让孩子体会到成功的快乐，让孩子充满自信，让孩子变得越来越好，孩子就能给父母一个惊喜，这就是家庭教育的法宝之一。

◆赏识要有度、有法、有效

赏识是父母教育孩子的好方法，也是父母普遍采用的一种教育方式。父母的赏识教育，不能简单地理解成表扬、赞美，如果这样就陷入了一种误区，不仅不能对孩子起到激励的作用，反而会造成孩子的错误心理。父母的赏识教育，要理性和客观，尽量减少赏识的盲目性和主观性。

一般说来，在家庭教育中，父母的赏识教育往往容易犯四个方面的问题：一是在教育上缺乏耐心，易前功尽弃；二是对有些方面盲目地赞赏，使孩子迷惑；三是给予孩子过高的期望；四是喜欢赏识孩子身上先天的东西，而把后天在教育中形成的习惯、品质等忽略了。

在一次数学测验中，小刚得了85分，这个成绩在班上属于中等。回家后，他把自己的成绩告诉了妈妈。妈妈认为应该赏识孩子，就非常高兴地对小刚说："不错啊孩子，恭喜你考了好成绩，今天晚上想吃什么？妈妈做给你吃！"

本来已经做好了挨批评的准备,没想到却被妈妈夸了一顿,小刚非常纳闷。不过他还是咽着口水告诉妈妈:"我想吃红烧肉!"

晚饭,妈妈果然做了红烧肉,并对小刚说:"这是为你取得优异成绩专门做的,以后取得好成绩,妈妈给你做更多好吃的。来,多吃点!"小刚看到妈妈是真诚地夸他,于是放心地吃了起来。

原来考85分妈妈就这么满意,这还不简单吗?小刚一边吃,一边想。

于是,小刚不仅没有加强对数学的学习,反而逐渐放松了。

结果,小刚的数学成绩始终没有进步,甚至有时候还在退步。为此,小刚的妈妈也很苦恼,为什么自己这么赏识孩子,他却没有做到想象中那样好呢?

(慧心,《好妈妈 好榜样》,有删改。)

小刚妈就犯了只夸奖、不激励的错误,只看到孩子的成绩,看不到孩子的不足。对于孩子的成绩,如果父母只给予肯定和夸奖,甚至小题大做,把一个本来不是很理想的成绩说成是优异的成绩,而不对孩子存在的差距和不足做出提醒,这样会让孩子误会父母的意图,认为父母对自己的成绩很满意,从而忘记了自己的不足和差距,变得骄傲自满,最终放弃了继续努力和积极进取。

因此,父母在对孩子实施赏识教育时,不仅要对孩子的成绩进行肯定和赏识,更要在赏识的基础上,提出建议和鼓励,让孩子在欣慰的同时,感受到来自父母的殷切希望。

那么,父母应该如何对孩子进行赏识教育呢?

1.赏识要有度。好孩子是夸出来的,这话一点不假。但在具体的赏识夸赞中,要讲究夸的艺术。滥用赏识,就会得不偿失。赏识教育能调和亲子关系,能调动孩子学习生活的主观能动性,但把它作为教育的"万能药"就不合适了。

其一,赏识前要正确客观地分析孩子的身心需要和心理状态,根据真实需要实施赏识。

其二,赏识要恰到好处,过度的赏识是一种溺爱,是骄傲自满、妄自尊大的催化剂,也会"捧杀"孩子。过度的赏识要么导致孩子对自己没有正确的认识,要么造成孩子对自己产生过高的认识,要么让孩子感觉父母的赏识是虚假的。

其三,赏识是要认可孩子的优点和进步,但不能忽视孩子的缺点和弱点。如果滥用了赏识教育,不但不会对孩子产生激励,相反只会让孩子自负、傲慢或者经不起批评,没有一点抗挫折的能力。

2.赏识要有法。这里的有法,是指赏识的方法要能够对孩子起到良好的教育作用。

其一,赏识孩子的进步、努力、勤奋等,让孩子感受到父母的信任与期待。

其二,赏识孩子要给孩子设计适度的目标。人只会为可能达到的目标而努力。如果父母的目标过高,就会使孩子失去自信;而如果目标过低,孩子则会对其不感兴趣。

其三,家庭是赏识教育的重要场所,可以赏识孩子在家庭生活中的每一点进步,让孩子的学习兴趣得到提高,调动孩子做事的主动性、积极性。

其四,要了解孩子、亲近孩子,随时捕捉孩子的闪光点。

其五,赏识的语言、态度要有艺术性。要抓住细节,做到无痕的赏识,要让孩子感受到父母的真诚。

其六,赏识要持之以恒,不是父母一时的高兴或激情。

3.赏识要有效。父母要多学习、多观察、多体会,按照教育的规律办事,这样赏识才具有教育的实效性。

其一,父母要做到在孩子心中有威信。一位自己都不被孩子赏识的父母,孩子又怎么能接受和在乎你对他的赏识?

其二,父母要和孩子建立起良好的亲子关系。只有当父母与孩子的关系良好时,赏识的话语孩子才会听进去。如果父母与孩子没有良好的关系,再动听的赏识语言也没有用。

其三,父母表达的时机要恰当,看到孩子有良好的表现时,一定要及时表扬,因为这样才会把被表扬的良好感觉和所做的事在头脑中联系起来,让孩子乐于重复去做被肯定的事或某种行为。

总之,赏识是一种理解,更是一种激励。赏识教育,是在承认差异、尊重差异的基础上产生的一种良好的教育理念;赏识教育是让孩子积极向上,走向成功的有效方法;赏识教育是帮助孩子获得自我价值感、发展自尊和自信的动力。父母只有做到有度、有法、有效地赏识孩子,才是真正用好了赏识教育。

◆克服重“学习”轻“品格”的赏识

在现实的家庭中,有的父母比较重视孩子的学习成绩或掌握某项技能,而轻视对孩子的思想品格的教育,忽视对孩子人格的引导,这对孩子的全面发展和健康成长是不利的。父母应该全面欣赏孩子,要善于捕捉赏识孩子的每一个时机,用恰当的语言和方式表达自己对孩子品格等方面的赏识。

1.父母要学会赏识孩子的善良。赏识孩子的善良有利于培养孩子正确的人生观和价值观,有利于孩子的身心健康。善良的品质是一个人精神的核心,父母必须在孩子童少时期细心培养,否则难有效果。天真纯洁的孩子本来就有一颗善良的心,培养孩子的善良品质,需要父母和孩子共同参与。

如果父母对孩子的善良给予支持和赏识,这种善良的品质就会得到强化;如果父母误解了孩子的善良,孩子的善良品质就有可能被弱化。父母要对周围的人表现出真挚的感情,并帮助身边正遭受痛苦和不幸的人。只有用自己善良的情感、行为感染孩子,才能在孩子的心中播撒善良的种子。那么,孩子就能成长为一个善良、健康、正直的孩子。

“你到哪里去了,怎么这么晚才回来,不知道爸爸妈妈担心你吗?”妈妈生气地说。

“我在放学的路上碰到一位双目失明的老婆婆在路口边蹲着,看起来很可怜,于是我就带她过马路。”

“过马路要这么长时间吗?你在撒谎吧!”妈妈用怀疑的眼神看着孩子。

“我还没有说完呢!我扶老婆婆过马路的时候,她说她和女儿走散了，回不了家。然后我就问她家住在哪里，她说住在兰花小区。我又问她知道家里的电话吗，她说记不清楚了。没办法，我只好送她回家了，所以才回来这么晚。”

“是吗？可是她为什么不找别人呢，偏偏找你这个小孩子？”妈妈还是有点怀疑。

“她说她之前已经问了好几个人了，但是没有人愿意帮她，看到她是盲人就转身走了。后来我就带着老婆婆坐公交车，把她送到家了。她女儿都急坏了，正打算报警呢。”小刚正说着，家里的电话响了，爸爸接完电话，高兴地对小刚妈说：“刚才老婆婆的女儿来电话了，感谢我们家小刚把她妈妈送回家。”

（冯德全，《早教缔造孩子一生》，有删改。）

善良作为一种美德，对孩子的成长具有不可忽视的作用。能拥有一个善良的孩子，应该是父母的骄傲，当孩子表现出这种善良的品质时，要赏识和赞扬孩子。

2.父母要学会赏识孩子的爱心。孩子在成长的过程中，经常会表现出比大人更强烈的爱心。这时候，父母应该给孩子充分的肯定和赏识，而不能因为孩子没有和父母商量，或者违背了父母的意愿就否定了孩子的爱心，更不能以成人的功利心来打击孩子的爱心。否则，会给孩子造成一种错觉，认为有爱心是错误的，从而自我否定这种有爱心的行为，变得冷漠和自私，这对孩子的心理健康极为不利。

在一次春游中，孩子无意中在草地上发现一只受伤的小鸟。小鸟的翅膀不知道被什么动物咬了一下，已经不能飞了，只能拖着带着鲜血的翅膀，无助地叫着。孩子把小鸟捧在手中，对爸爸妈妈说：“这只小鸟真可怜，翅膀受了伤，这样下去肯定会被饿死的。我们把它带回家养着好吗？”

爸爸看了看这只小鸟，对孩子说：“如果你想养，就带回家吧，可是我和妈妈没有时间照顾它。”

“嗯，我来照顾它好了。”孩子高兴地说。

孩子把小鸟带回了家。他想给小鸟做一个鸟笼。但是，又不会做，怎么办呢？他想请爸爸帮忙，可是当时已经答应爸爸要自己照顾小鸟。于是他决定自己动手去做鸟笼。

在做鸟笼的时候，孩子不小心把手割破了，鲜血直流。爸爸赶快把孩子送到医院去包扎，在去医院的路上，爸爸责备孩子："你怎么这么不小心呢？干不了就不要干，为什么不找我帮你做鸟笼？"

"我不敢让爸爸帮我，爸爸不是说要我自己照顾小鸟吗？"孩子忍着疼痛对爸爸说。

"傻孩子，还这么认真，好了，等回去爸爸帮你做鸟笼！"爸爸心疼地说。

"谢谢爸爸，爸爸真好！"

"孩子，你有爱心是对的，爸爸欣赏你这一点！"

（夏风竹，《这样夸奖孩子最有效 好父母决定孩子一生》，有删改。）

大自然的万物是人类的好朋友，热爱和保护大自然是一种美德。让孩子与大自然的花草、动物和谐相处，是培养孩子爱心，锻炼孩子爱心迁移能力的重要途径。父母可以多带孩子到动物园、郊外走走，让孩子在认知大自然的同时，发现和培养孩子的爱心。

3.父母要学会赏识孩子的诚实。现实生活中，所有的父母都希望自己的孩子诚实，不要欺骗自己，不要对自己有丝毫隐瞒，但是有时为了某些私利而责怪孩子的诚实，或自己在孩子面前撒谎，甚至"教唆"孩子去欺骗别人、隐瞒真相，这样会让孩子无所适从，对做人的原则产生疑惑，最终养成撒谎的坏习惯，甚至造成心灵扭曲。每个父母都应该明白，培养孩子诚实的品质，远比占一点小便宜重要得多。对于孩子的诚实，父母应该给予赏识和赞扬，用赏识留住孩子的纯洁和诚实，培养孩子诚实正直的优秀品质。

屠格涅夫小的时候，一天，一位大作家到他家做客。屠格涅夫的妈妈为了显露儿子的才能，便对儿子说："快朗诵一则先生写的寓言！"屠格涅夫朗诵得很流利，也很动听。

大作家很高兴，亲切地问："你喜欢我的寓言故事吗？"屠格涅夫认真地回答："喜欢。但是我更喜欢克雷洛夫的寓言。他写的寓言比你的更好!"大作家听了一点也没生气,从心里佩服这个孩子。可是,屠格涅夫的妈妈却急了。

客人一走,屠格涅夫的妈妈就质问儿子:"你怎么能当着大作家的面说他的作品不如别人呢?"屠格涅夫不服气,他大声争辩说:"克雷洛夫的寓言就是好! 我怎么想就怎么说,难道叫我说谎吗?"

(季小兵,《小学生阅读与作文阶梯训练 三年级》,有删改。)

为培养孩子诚实做人,父母要为孩子做出好榜样。如果要求孩子拾金不昧,父母就不能将捡到的物品据为己有;如果要求孩子不说假话,父母就不能哄骗孩子。如果孩子在犯错误后,能主动诚实地承认自己的错误,父母要给予赏识和鼓励,真诚地说:"你的诚实让我很高兴,相信你会改正错误的!"

4.父母要学会赏识孩子的自强精神。孩子的自强精神,是一种强大的力量,对孩子的成长很重要。如果孩子表现出胆怯软弱、缺乏信心,那将一事无成。父母要多给孩子一些赏识、鼓励、引导、锻炼,耐心细致地帮助孩子,相信孩子一定能成长为自尊、自强、自信的人。

小羽在班里无论是学习、值日,还是文体活动都比其他同学慢半拍,还经常闹一些笑话。同学们拿他开玩笑,他也总是"把头一缩",不懂得表达自己的不满。这样一来,同学常常忽略他的感受,对他变得无所顾忌了,甚至还有个别同学拿他出气。

小羽的父母认识到自己的儿子之所以被欺负,与家庭教育方法有着直接的关系。小羽是家里的三代单传,父母和家人对他十分关爱,几乎把他生活中的一切全包了下来,没想到大人们"全包式"的抚养,影响了小羽自尊自强性格的建立。

事实证明,父母对孩子过度保护,什么事情、困难都替孩子解决,很容易使孩子失去锻炼生活能力的机会。父母不要让孩子觉得自己是弱小的,而应该从小就让孩子认识自己的力量。应该为孩子创造恰当的机会,通过积极的鼓励和赏识,让孩子感受到自己的力量,培养孩子的自强精神。

5.父母要学会赏识孩子的勇敢。对于孩子在生活学习中表现出的勇敢父母要给予赏识,并激励孩子勇敢地去面对问题、困难和挑战。对孩子的胆量,要从小培养;对孩子的勇敢精神,应从小训练。要多锻炼孩子、鼓励孩子去探索。当孩子要做一件需要勇气甚至有些冒险的事情时,父母不要恐吓孩子,而应该对孩子的精神给予赞赏和适当的引导、保护。也许孩子的一些行为看起来幼稚、简单,但是只要父母经常给孩子鼓励,多赞扬和训练孩子的行为,就能使孩子得到鼓舞,并培养孩子勇敢、坚强的性格。

妈妈带5岁的茜茜摘菜,摘着摘着茜茜突然尖叫一声,丢下菜,一把抱住妈妈,惊恐地叫:"虫子,虫子,我害怕!"妈妈拿起茜茜丢下的菜,仔细找了找,才看见有一条2厘米长的绿虫子。

妈妈把虫子捏起来,放在掌心里,然后对孩子说:"这条虫子没有什么可怕的,它不会咬人,是条菜青虫。"

听到妈妈这么说,茜茜才敢凑过去,仔细地看着虫子。

"来,摸摸。"妈妈说。

茜茜一听,吓得倒退了两步,一边摆手一边对妈妈说:"我不敢,我不敢!"

"不用怕,你是个男子汉,还害怕一条小虫子?"妈妈鼓励茜茜。

茜茜听了妈妈的话,鼓起勇气走过去,小心翼翼地用手摸摸妈妈手心里的虫子,见它没什么反应,慢慢地捏了起来。

"茜茜真勇敢!"妈妈高兴地说。

茜茜试了试,终于勇敢地把虫子放到手中,并对妈妈笑了起来。

孩子胆小的原因往往有三个:一是因为孩子不了解事情的状况,二是父母教育时给予不恰当的恐吓,三是父母过分严厉,弄得孩子总是处于惊恐状态。因此,父母应该认真审视自己孩子的情况,采取有针对性的措施,帮助孩子实现由胆小到勇敢的转变,就像茜茜妈一样。

6. 父母要学会赏识孩子的创新。孩子经常会有一些奇怪的想法和念头,这些想法也许看起来很荒唐,甚至不着边际,但这是孩子创造性的体现,是培养孩子创新意识和能力的绝好机会。父母应该赏识和鼓励孩子,让孩子按照自己的想法去实践。对孩子来说,很可能会因为无意中的行为而发现人生更美丽的景色。如果父母能及时地鼓励和提醒孩子拓宽思维、发挥创造性，也许有意想不到的收获。

一天，小刚喝完牛奶后，没有把空盒子扔掉，而是捏着玩，突然他兴奋地拿着牛奶盒对妈妈说：“妈妈，你看这个像不像一条小船?”

妈妈看看盒子，又看看小刚，高兴地说道：“像啊，如果再改装一下就更像了。”

于是，小刚把盒子剪去一小半，再糊上纸，一条像模像样的船做成了。

如果小刚的妈妈认为孩子的奇怪念头是在胡闹，而阻止和训斥孩子：“别胡闹了，这样不行！”就会把孩子的创新意识扼杀在摇篮之中，让孩子不敢再有这些奇怪的念头，更不敢创新了。所以，当孩子产生新奇的想法时，应该对孩子的创新意识给予赏识和鼓励。世间有很多发明创造，都是从幻想成为现实的。

总之，赏识是一门学问、一种艺术、一项技巧。赏识孩子应该体现在父母的一言一行、一举一动中，体现在家庭生活的每一个场景中，而不是只欣赏孩子学习，要克服重“学习”轻“品格”的赏识。

◆善于发现孩子的闪光点

闪光点是相对的概念，这里是以父母的眼光来看待和评价闪光点，一般说的闪光点，就是有利于孩子健康和快乐成长的爱好、思想、情感、态度等。孩子的闪光点是方方面面的，每个孩子都有闪光点。

有的孩子虽然功课不好，但对音乐却很有天赋，在听过两三次后，就能将一首歌的词曲印入脑中，唱出来的曲调正确，歌声动听。对于这样的孩子，父母就应当认同他在音乐上的天分，赞美他歌唱得好听。这样，本来自认为不是读书材料的孩子，就会恢复信心，不仅是唱歌，对读书也会产生兴趣。

那么，父母如何发现孩子身上的闪光点呢?

1.父母要学会多观察孩子，赏识孩子的与众不同。一个称职而又有灵敏度的父母善于从生活、学习、交流中观察和发现孩子的闪光点,并支持和培养孩子闪光点的发展和生成。

一位母亲带着儿子到郊外游玩,其他人家的孩子有的爬山,有的游泳,唯独自家的孩子一个人默默坐在河边凝视湖面。

有亲友悄悄地走到这位母亲身边不安地问:"您的孩子为什么总是一个人对着湖面发呆?是不是神经有毛病啊?还不趁早带他到医院检查检查?"这位母亲坚决地回答:"我的孩子没有毛病,你们不了解,他不是发呆,而是在沉思。他将来一定是位了不起的大学教授。"

(钱诗金、钱丽,《好话要好好说》,有删改。)

这个孩子就是爱因斯坦,二十世纪最伟大的科学家之一。

2.父母要多倾听孩子的想法,并给予鼓励和帮助。父母要多倾听孩子的心声,在与孩子交流沟通的基础上,发现孩子的闪光点,并给予适度的肯定和鼓励。当然,父母也不能只是在口头上鼓励,而是要给孩子创造展示自己的机会,让孩子能够体验快乐,增强信心。

一个男孩告诉母亲说自己将来一定要竞选美国总统,母亲回答他说:"孩子,我相信你能行。妈妈也曾经有这样的梦想,只是当我觉得自己做一个让病人喜欢的护士更适合时我就放弃了。现在,对你来说,也许正是实现这个梦想的最好时机。"

(引自:http://www.zhjtjyw.com/kcms/blog/vblog? b_id=190514&u_id=19444,2021-6-2,有删改。)

这个孩子就是日后成为美国总统的克林顿,美国最有魅力的总统之一。

3.父母要在孩子失败时发现他的闪光点。每个人在成长的过程中,都会取得成功,同样,也会遇到这样那样的难题,会有感到彷徨、无助的时候。在这些情景中,表现出的坚持、勇敢、宽容、诚信、合作、谦虚、沉着等,都是孩子的闪光点,父母要善于发现,并加以赏识。

有一天吃晚饭时,孩子认真地问妈妈:"我不像别的小朋友那样聪明,心灵手巧,将来如果没有人喜欢我该怎么办?"

说着说着,低下了头。

妈妈安慰孩子道:“孩子,你怎么能这样小看自己呢?一个人的才能有的是看得见的,有的是看不见的,别人表现出来的东西你的确没有,但是你的善良、坚韧、不怕吃苦、不畏困难以及其他的一些优点是别人所没有的。”孩子听了点了点头。

妈妈继续说:“孩子,千万要记住,每个孩子都是一道风景,现在你只是没有被发现。时候到了,你身上美丽的景色就会自然展现出来。所以,不要担心。”孩子露出了自信的笑容。

(奚华,《做孩子的心理医生》,有删改。)

父母的一句鼓励会让孩子获得无穷的力量和勇气,父母的一句赞美会让孩子体验到成功的喜悦。

总之,父母要善于发现孩子身上的闪光点,并加以鼓励,让孩子的长处得以发挥和发展,这样孩子将来才会取得成功。每个孩子都有自己的闪光点,孩子在这方面比别人差,可能在另一方面要强过别人,父母要善于发现孩子身上的每一个闪光点。对于每个孩子来说,缺少的往往不是成功,而是被发现。

对孩子的观察了解要有灵敏度

这里的灵敏度，指父母在家庭教育中受到影响或受到感动，做出反应的程度。

在家庭教育中，只要父母拥有一双慧眼，生活中的点点滴滴都能成为父母观察了解孩子的机会，都能成为父母发现、解决问题的好素材、好情景。陶行知老先生提出："教育的责任就是：不辜负机会，利用机会，能用千里镜去找机会，会拿灵敏的手去抓机会。"

在家庭教育中，父母做好教育的前提是要了解孩子。敏锐的观察能力是父母有效进行家庭教育的前提。父母要善于倾听孩子的弦外之音，这样才可以增进沟通，促进理解，才可以赢得孩子的信任和喜爱。父母要善于因势利导、随机应变地处理各种意料之外的问题。

◆观察力是做好家庭教育的基本功

父母做好家庭教育的前提是了解孩子。乌申斯基也说："如果教育者希望从一切方面去教育人，那么就必须从一切方面去了解人。"要了解孩子，就离不开观察。赞科夫说："敏锐的观察力是一个父母最宝贵的品质之一。对一个有观察力的父母来说，孩子的乐观、兴奋、惊奇、疑惑、恐惧和其他内心活动的最细微的表现，都逃不出他的眼睛，一个父母如果对这种表现熟视无睹，他就很难成为孩子的良师益友。"所以说，敏锐的观察能力是父母教育所需的重要能力。

父母的观察是对孩子进行有效教育的依据。观察是一种直接了解和研究孩子的有效办法。一个人的思想、内心活动总是会在行为活动中表现出来，尤其是孩子情绪比较外露，往往还不善于掩饰自己。

父母要通过对孩子各种活动的细心观察，深入细致地了解孩子在成长过程中出现的各种情况，分析研究孩子生理、心理和个性特点形成的原因，才能逐渐掌握孩子特有的兴趣、专长、性格与脾气，然后采取相应有效的教育方式手段。

父母要从孩子表现出来的各种神态和表情中，捕捉孩子思想感情的变化，及时发现孩子身上隐藏的极其微小的闪光点，找到还处在萌芽状态的错误，让闪光点得到及时培养、发扬光大，把错误消灭在萌芽时期。

爱迪生有自己的兴趣，而对于上学就另当别论了。

爱迪生8岁时，他家刚搬迁到另一个大湖旁的休伦港不久。整天困在教室里，他感到太没意思了，这所学校的老师也信奉棍棒教育。爱迪生非常害怕藤条，尽管如此，他仍然学不进老师教的那一大堆知识，而他好问的习惯更使得老师生气。爱迪生成了班上最差的学生，一连3个月都是如此。

后来他听见老师议论他，说他有毛病，说他“addled”。一怒之下，他冲出了教室，再也不愿回去。

在家里，他的母亲南茜站在他一边。

有一段时间爱迪生时断时续地去过一些别的学校。但大部分时间里是母亲亲自教他，或者说，她任由他自学。

在母亲的鼓励下，爱迪生如饥似渴地读书，包括莎士比亚的书、历史书、《圣经》等。在他9岁那年，有一天，母亲给了他一本科学方面的书，这是他第一次看这种书。书名叫《自然哲学的学校》，它让读者们在家里做一些简单的实验。从那时候起，爱迪生的生活就有了变化。他如痴似醉地将这本书读完，做了里面所有的实验，然后他做起了自己的实验。

（王阔，《不打不训教育孩子》，有删改。）

爱迪生一生只上过三个月的小学，他的学问是靠母亲的教导和自修得来的。他的成功，应该归功于母亲对他的观察、了解和教导。母亲善于发现他身上的闪光点，才使原来被人认为是低能儿的爱迪生，长大后成为举世闻名的“发明大王”。

另外,父母还要及时觉察社会上各方面的思潮对孩子的影响,及时发现和了解孩子在某一时期、某一阶段存在何种不良现象和思想,从而把握住教育孩子的主动权。

总之,作为一名父母,应该密切观察孩子的日常表现,随时关注孩子的成长历程,做孩子学习和生活的正确引领者,只有这样,孩子才能全面发展。

那么,作为父母,该如何培养自己的观察能力呢?

1.父母要带有目的的观察。在进行观察时,要明确观察什么,达到什么目的。目的性是观察最显著的特点。只有有目的的观察才会对自己的观察提出要求,才能做到有的放矢,把注意力集中到所观察事物的主要方面,尽可能保证观察的准确性。

2.父母要做好观察的准备工作。在观察前,从观察的内容到怎么观察,都要做出安排,制订周密的计划。如果在观察时毫无计划、很随意,那就不会有真正的收获。父母的观察计划,可以写成书面的,也可以记在脑子里。

3.父母要把观察的内容具体化。父母要善于把观察的内容具体化,既要观察孩子的表面现象,还要用心感受孩子的思想情感,发现孩子隐藏在的生活和学习细节中的真实感受。

4.父母要在与孩子同成长中观察。父母要想有敏锐的观察力,捕捉来自孩子的信息,只有真正投身到孩子的活动中去,倾听孩子、包容孩子、支持孩子,才能和孩子共同成长。只有真正走进孩子的世界,才能了解孩子的需求与困难,解读孩子的所思所想,引领着孩子去创造。

◆善于倾听孩子话语的弦外之音

父母不仅要乐于倾听孩子的话语,还要敏锐地感知孩子话语的弦外之音。父母千万不能忽视孩子的弦外之音,唯有如此,家庭教育才能有准备、有针对性地开展,从而不断提高家庭教育的水平。

父母通过倾听，与孩子共同分担不愉快的感受，孩子将会减轻压力，同时也会逐渐增强对自己情绪的控制能力。善于倾听孩子弦外之音的父母，可以获得孩子的信任和喜爱，可以增进与孩子的沟通交流，可以促进与孩子的相互理解。一个孩子就是一个世界，倾听孩子的心声就是走进孩子的心灵世界。

办公室的刘老师突然爱打扮起来，大家问起来刘老师才道出了原委。

有一天，在接孩子回家的路上，刘老师的女儿给她说："妈妈，今天洋洋妈妈好漂亮哟！"刘老师开始没在意，女儿感觉妈妈没有搭理她，走了一会，停下脚步说："妈妈，今天青青的妈妈穿得也很漂亮！"当了多年班主任的刘老师，停下脚步，盯着女儿，意识到孩子有想法。女儿的弦外之音是：同学的妈妈都打扮得漂漂亮亮去学校接孩子，而我的妈妈不爱打扮。于是，母女俩边走边说如何打扮的问题，刘老师没有想到女儿对打扮还有许多自己的看法。

经过这事，刘老师开始注意打扮，她还感觉到女儿与她更亲了。

如果妈妈对女儿的话语没有灵敏度，以无所谓的态度一笔带过，孩子一定会非常失望。

显然，善于倾听孩子的弦外之音，倾听孩子的心声，倾听孩子对周围世界的理解和对未来的梦想，是父母读懂孩子，走进孩子心灵深处所必需的。这样有利于帮助消除家庭成员之间的误会，为建立良好亲子关系创造条件，进而有效地帮助孩子发展健全的性格和培养美好的人格。

一天，小刚爸开车接他，一上车小刚就不停地给爸爸讲班里的故事，同学闹别扭的事，谁被老师批评等。小刚爸开着车，还想着公司的事，对小刚的故事毫无反应。

渐渐地，小刚不说话了。突然，小刚心急地说："爸爸，老师让买三角尺。"小刚爸不耐烦地说："到小区文具店买！"谁知小刚不停地嘀咕，到了小区刚停了车，小刚就气鼓鼓地下了车，生气地说："不买了，回家！"说完，头也不回地径直往家走。

进了家门，小刚爸就质问小刚为什么态度这样差。小刚泪光闪闪地说："我们小孩儿好可怜！"小刚爸一下子愣住了，像遭到重重的一击。小刚哽咽着说："爸爸，你们父母心烦的时候，可以对小孩儿发火；我们小孩儿心烦的时候，找谁发火呢？"小刚的话使爸爸的内心久久不能平静。

（张永生，《父母怎么说孩子才会听》，有删改。）

"我们小孩儿好可怜！"小刚爸对孩子满不在乎的态度伤害了孩子的心灵。父母太需要与孩子交流和沟通，太需要倾听孩子的心声，倾听孩子的弦外之音了。

那么，父母怎样才能更好地倾听孩子的弦外之音呢？

1.父母要接受和尊重孩子的所有感受。孩子向父母诉说时，父母应安静、专心地倾听，不给予评判。父母不必接受孩子的所有行为表现，但要接受孩子的所有感受。当孩子告诉父母，自己与同学闹矛盾，或把家里的电器损坏时，父母可以不支持孩子的行为，但要理解孩子不愉悦的感受。

2.父母要向孩子展示自己认真倾听的态度。孩子向父母诉说时，父母的关注表示父母对孩子的尊重和父母愿意倾听孩子的想法和感受。当孩子开口向父母倾诉时，父母应停下正在做的事情，转向孩子，保持目光接触，仔细倾听，同时，要通过点头或摇头来回应孩子，显示对孩子的关注。

3.父母要向孩子确认自己所听到的内容。不时的总结、复述孩子所讲的关键内容，并把自己的看法说与孩子听。仅仅倾听和理解是不够的，父母还必须用语言对孩子所说、所想及所感的事情做出反应，但尽量不要逐字地重复孩子的话，应使用相似的语言来表达相同的意思。当父母确认自己完全听懂孩子的内容后，才能向孩子提供忠告、建议或教给孩子处理问题的方法。如果父母还没有倾听孩子的心里话，就先给予孩子帮助，那将会妨碍孩子自己的努力，或者使处理事情出现偏差。

总之，在家庭教育中，父母倾听和捕捉孩子的弦外之音，不仅需要父母的爱心和教育技巧，还需要父母有敏锐的洞察力。

◆要有随机应变的能力

应变能力是父母应当具备的一种教育能力，反映着父母的智慧，是指父母要有善于因势利导，随机应变处理各种意料之外的问题的能力。有了这种能力，父母就能在复杂多变的情境中，做出最合理的决定，采取最恰当的教育方式方法，收到理想的效果。

正如马卡连柯说的那样"在我这里没有两种情况是完全相同的"，"教育技巧的必要特征之一，就是要有随机应变的能力"。父母要想构建良好的亲子关系，让家庭教育获得成功，就必须在处理孩子的问题时有随机应变的能力，要根据孩子的不同情况选择恰当的教育方法，做到处理问题适度。

父母应变能力主要表现在以下三个方面：

1. 父母要灵活机智地回答孩子的问题。大家都有这样的感觉，现在的孩子越来越聪明。确实，生活在科技飞速发展时代的孩子，视野开阔，肯动脑筋，反应灵活，遇事喜欢分析，敢于展示自己的观点。这就要求父母不仅要具有丰富的知识修养，而且还要具备灵活运用知识、机智处理问题的能力。

曾有一个5岁的孩子在公园里玩时，她面对盛开的鲜花，忽然问妈妈："人为什么不开花结果呀？"

"你就是爸爸、妈妈开花后结的果呀。"妈妈机智地回答了一个难以回答的问题，同时，也揭示了一切生物的共性。

对于孩子提出的问题，父母千万不要不耐烦或草率回答或粗暴拒绝，应及时引导孩子去观察、探索、发现大自然的奥秘，应耐心、科学地给孩子答案，或引导孩子自己到书本上去寻找答案。父母应注意培养孩子爱思考、爱提问的习惯。

2. 父母要有冷静处理问题的能力。在平常的生活中，常常会遇到一些突发事件，这时，父母的应变艺术就表现为善于控制自己的感情，抑制激动的情绪，审时度势，冷静寻求解决问题的方法。

一天，小刚一家要去外婆家。出发前，妈妈叫小刚快穿好衣服，小刚顶嘴说:“为什么要快?外婆家又跑不了。你不是总叫我做事要仔细、耐心吗?外婆也总说慢慢来,不可心太急。”

妈妈并没有生气,而是心平气和地说:“外婆家是跑不了,但外婆弄好了饭菜,饭菜会凉的。外婆为了看她的外孙会着急的。”小刚无言以对,很快穿了衣服。

这位妈妈能控制自己的情绪,有理有情地回答了小刚的问题,让小刚不好再说下去。

3.父母要沉着冷静地对付“奇怪”的事。孩子有时做些事,会让父母感到“意外”。父母一定要认真地对待,实事求是地思考奇怪的事产生的原因和如何面对,让孩子在父母沉着分析和冷静评价中受到教育和启迪。

刘老师与女儿去超市,在超市排队付账时,女儿看到货架上的布娃娃,闹着要,刘老师不理会女儿,突然,女儿就大哭大喊起来。

刘老师盯着女儿,威胁说:“回家后,才有你好看!”女儿不但不收敛,还拿着布娃娃不放,刘老师感到自己被众人的目光所淹没。

刘老师急中生智说:“买可以买,但用的是你自己的压岁钱,我可以暂时把钱借给你。”女儿点头同意,破涕为笑。

刘老师面对女儿的意外要求,开始想用父母的权威压服孩子,结果不奏效,最后急中生智,冷静机智地处理了。

总之,在家庭教育中出现过去没有遇到过的问题是正常的,父母要有随机应变的能力,迅速分析判断问题,机智灵活地处理。

◆要善于挖掘孩子的潜能

父母在家庭教育上的灵敏度,还表现在对孩子潜能的挖掘上。每一个孩子都有与生俱来的潜在能力。父母发现和挖掘孩子的潜能,就是为孩子打开一扇窗,让孩子未来的世界更明亮。

要想发现和挖掘孩子的潜能，父母就应该多和孩子在一起，多陪伴、多了解、多观察孩子。孩子的潜能表现一般有以下特点。

1. 当孩子看到别人做某件事时，孩子心里会有一种召唤感，会主动要求参与其中。

2. 当孩子完成一件事时，会有一种满足感或欣慰感。

3. 孩子完成某类任务非常快，无师自通。

这些都是非常重要的信号，说明孩子对所看到的事物有兴趣或有天赋。

父母一定要善于挖掘孩子潜能，使孩子的潜能得到充分的发挥，取得更加出色的成就。孩子通过自己的努力取得了进步或成绩，就有更多的机会认识自己的能力，从而产生更大的自信，也就有了更强烈的继续发展的动力。有潜能的孩子，在某个方面表现出过人之处时，便会从内心产生一种优越感，这对孩子增强克服困难的勇气大有裨益。父母的鼓励和表扬是驱动孩子发挥潜能的力量，是培养孩子潜能的重要法宝。

迪士尼玩具公司首席顾问玛丽娅6岁那年的圣诞节，父亲要送他一件礼物，于是就带她来到世界著名的迪士尼公司经营的一家玩具城，让她自己挑选。平时小玛丽就特别喜爱玩具，但由于家庭拮据买不起，她就经常自己用橡皮泥捏成各种各样的小动物。她的橡皮泥玩具几乎每天都不同。来到玩具城后，玛丽娅一件玩具也没看中。

她的这一怪异现象正好被站在一旁的玩具公司老板唐纳德发现了。这位美国玩具商耐心地听完玛丽娅不喜欢店里玩具的原因后，将她领到自己的办公室，把刚刚制作的玩具一样样摆在桌子上，又派人为玛丽娅取来橡皮泥，让她按照自己的想象为那些玩具改变形象。结果唐纳德大为折服。立即协商与这位只有6岁的女孩子签订一项长期合同，破天荒地聘请她为玩具公司的顾问。

后来，迪士尼公司为了充分发挥和挖掘玛丽娅的天赋和潜能，每当世界各地有玩具展销活动时都要带上她，使她眼界大开，对各种玩具提出的意见和见解也更加准确、更能切中要害。经玛丽娅参与设计的玩具给公司带来了丰厚的利润。在玛丽娅15岁的时候，她作为世界上最年轻的亿万富翁和最年轻的商人被载入《吉尼斯世界纪录大全》。

（张慧娴、闻尔，《最伟大的励志书》，有删改。）

玛丽娅是幸运的，她的潜能被偶然发现，并得到了成功的挖掘和充分的发挥。

那么，父母应怎样去发现孩子的潜能呢？

1.父母要时刻观察孩子，及时发现孩子的潜能。只有通过长期细心、耐心的观察才能了解孩子。在日常生活中，父母要多注意孩子的言谈举止、兴趣爱好，特别是在孩子和小伙伴的玩耍、交谈中，可以发现孩子许多个性化的特点。父母要把某些细节记录下来，了解孩子喜欢什么，讨厌什么，认真分析，归纳总结。

2.父母要让孩子涉猎广泛的知识，培养兴趣爱好。首先父母自己要热爱学习，兴趣爱好广泛，对周围的人和事有一种新鲜感。这样才能有意识地培养孩子的兴趣爱好，带领孩子涉猎各种知识，鼓励孩子广泛参与活动。如果在孩子表现出某方面的潜能时，父母原则上不要干涉，即使不希望孩子把这方面当作自己的发展方向，至少也不要完全限制孩子，让孩子可以把这方面的潜能当作自己的爱好，起到陶冶情操的作用。

3.父母要有计划地挖掘孩子的潜能。父母发现孩子某方面有着不同寻常的潜能，应当认真地为孩子制订出一份不同阶段的培养计划，让孩子的潜能得以顺利开发。把孩子的潜能挖掘出来，培养的过程是复杂的，或许会遇到诸多困难，但是父母自己要有耐心，要帮助孩子克服困难。父母不要看到人家的孩子某些方面或某个时候取得了成绩，就埋怨自己的孩子无能，其实完全没有这个必要。父母应当思考的是自家孩子的优势在哪里，努力帮助孩子开发自身的潜能。

4.父母要认可孩子的潜能，并给予必要的保护。孩子的潜能是无限的，父母的认可能增强孩子自信心，从而促使孩子把潜能发挥出来。父母除了给予孩子适时的认可外，还要给孩子提供一定的空间，在背后默默支持孩子，让孩子尽情发挥。父母要知道孩子的潜能缺乏稳定性，孩子的好奇心随时都有可能转移。要想办法维护孩子的兴趣，以孩子感兴趣的方式来调动其学习潜能，使孩子从中体会到学习的乐趣，加深对学习的喜爱。

总之，每个孩子都有自己的潜能，发现孩子的独特性，挖掘孩子的潜能，要求父母具有伯乐的眼光，要为孩子创造被发掘的机会。善于发现孩子的潜能并重点加以培养，是许多成功父母的经验。

对孩子的交往行为要有关注度

这里的关注度，是指父母对孩子交往中出现的状态和范围，给予关注的程度。

在家庭教育中，父母要鼓励孩子与人交往，尊重孩子的交往兴趣，积极关注孩子交往的情况，指导孩子的交往技巧，尽可能地为孩子搭建交往的平台。父母特别要尊重孩子的异性交往，要采取有效方法疏导出现早恋苗头的孩子，要关注孩子与异性交往的范围。

在家庭教育中，要及时发现并引导孩子面对和解决交往过程中的矛盾，帮助孩子在矛盾中成长，在体验中逐渐走向成熟。要引导孩子与人合作，一个懂得合作的孩子，能更好地适应环境，并能很好地发挥自己的潜能。

◆鼓励孩子与人交往

人生一世，交往一生。

交往是孩子基本、本能的需求，孩子离不开群体生活，需要玩伴。从小培养孩子的人际交往能力有利于孩子的健康成长。

交往有利于孩子的智能发展。哈佛大学心理学家加德纳提出，人际交往是一种基本智能，具体指能够察觉并区分他人的情绪、意图、动机和感觉，并运用语言、动作、手势、表情、眼神等方式与他人交流信息、沟通情感的能力。孩子的人际交往技能、交往状况会深深影响其未来的人际关系，甚至幸福生活。

交往有利于孩子的心理健康，能建立良好的人际关系是心理健康的一个重要标志。与同伴的交往直接影响孩子情绪、情感和个性的发展。

交往中的尊重、分享、合作、关心则是预防和治疗心理问题的灵丹妙药。由此可见，从小培养孩子交往能力和水平，对促进其心理健康发展，预防各种心理疾病有着积极而重要的意义。

与同伴的交往，能锻炼和培养孩子的自尊、自信、自强和自爱；能让孩子认识并建立合理、积极的自我期望；能为孩子提供独立应对世界、独立处理问题的机会。交往有利于孩子习得各种交往技能，为将来更广阔的人际交往奠定基础。

因此，父母要积极地鼓励孩子与人交往。如果没有正常的同伴交往，就不能和他人建立友情，孩子会产生孤独的感受，会有孤僻的行为，久而久之，对孩子形成健康的心理和良好的性格会产生负面的影响。

父母如何鼓励孩子正常的人际交往呢？

1.父母要尊重孩子的交往兴趣。让孩子明白与同伴交往是自己的权利，处理同伴交往中出现的问题也是自己的责任和义务，这是对孩子独立人格的肯定，也是培养孩子独立性的重要一步。要给孩子权利和自由，允许孩子选择和同伴在一起时谈什么、做什么，并尊重孩子的选择。积极指导孩子正确处理与同伴交往时出现的矛盾，鼓励孩子自行解决问题。

2.父母要积极关注孩子的交往。由于孩子年龄较小，判断是非、自制自控的能力较低，所以，父母要积极关注孩子的交往状况，预防同伴交往带来的不良影响。父母对孩子与同伴的交往既不能包办代替，也不能撒手不管，而是要给予积极关注和正面参与，有意识地和孩子讨论择友的标准与注意事项，以促进孩子恰当选择交往的同伴。

3.父母要热情接纳孩子的同伴。接纳孩子的同伴是鼓励孩子交往的第一步。父母要欢迎孩子的同伴到家中做客，不必太在意孩子在一起时对家中卫生的影响，可以抓住这一时机培养孩子自理的习惯和能力。要允许孩子拿自己的食物、玩具和用具招待同伴。要给孩子自由空间，允许孩子们单独在一起说悄悄话、做秘密的事。平常要鼓励孩子与同伴共同学习、共同游戏。

4.父母要对孩子交往的内容、形式提建议。孩子要做的事，要求孩子事先告知父母，包括打算去哪儿、去做什么、和谁一起、什么时候回来等等。建议孩子把自己与同伴在一起游戏、活动的内容讲给父母听。还要鼓励孩子把与同伴交往中遇到的困难、麻烦讲出来。父母要根据具体情况,引导孩子学会明辨是非,帮助孩子分析、解决问题,要与孩子积极沟通、共同协商,取得孩子的理解、信任。

5.父母要教会孩子向同伴展示自己。向同伴展示自己,意在获得同伴接纳、进入同伴圈子、赢得同伴认可。耐心倾听、细心观察以知道同伴们接纳什么、排斥什么,这是向同伴展示自己的前提。教孩子正确评价和认识自己,对自己的优势不自夸,对自己的不足不忌讳,大方、坦诚是聪明人展示自己的诀窍。鼓励孩子抓住机会、大胆展示,自信和勇气是孩子向同伴成功展示自己的前提。

6.父母要引导孩子学会谦虚。父母要教育孩子向同伴展示自己时,要适时、适度,否则容易引起别人的反感;要引导孩子学会谦虚,对自己的优势不自傲自大,要培养孩子文明礼貌,这是人际交往成功不可缺少的。

7.父母要鼓励孩子学会宽以待人。父母一定想培养出懂得宽容的孩子。孩子学会宽容可以为孩子赢得好心情、好人缘和好生活。父母平常就要言传身教,以宽容之心待人。要引导孩子面对非恶意的冒犯时,学会宽容地笑一笑,化干戈为玉帛。要教育孩子学会倾听别人的辩解,学会站在对方的立场上想问题。当然,还要提醒孩子宽容是理解、包容、雅量而不是迁就。

8.父母要教育孩子尊重同伴。父母一定要教育孩子学会尊重同伴,平等待人。告诉孩子人与人之间是平等的,只有平等对待别人,别人才会平等对待你;只有尊重别人,别人才会尊重你。

9.父母要引导孩子积极参加集体活动。孩子乐于参加集体活动,父母对此要持支持态度。如果孩子比较胆小、喜欢安静,或对活动兴趣不浓,讨厌集活动中纪律的约束,那么父母就要带头参与和鼓励孩子积极参加集体活动。

10.父母要为孩子创造共同体验的环境。让孩子与亲朋邻里间的孩子游戏交往,鼓励孩子参与各种类型的丰富多彩的集体活动,可以利用节日游园、郊游踏青、参观游览、走亲访友等机会,有意识地安排孩子与人接触,增进孩子对集体活动的了解,提高孩子参与的热情和积极性。

11.父母要引导孩子在集体中发挥作用。要了解孩子的心理需求,根据孩子的能力、爱好、兴趣组织集体活动。给孩子提供发挥特长、帮助别人、服务集体的机会。了解孩子在集体活动中的困难,并给予帮助。

12.父母要肯定孩子在集体中的表现。在集体活动中要给孩子提出具体要求,分配具体任务,活动项目也应该利于孩子之间的合作。要引导孩子遵守集体规则,谁破坏了这些规则,谁就会受到集体的排斥。只有自觉遵守集体规则的人,才能得到大家的喜爱,也才会有更多的朋友愿意和他一起玩。

◆引导孩子正确与异性交往

孩子进入青春期后,异性交往、早恋问题成为父母最担心的事。这种担心是正常的,因为引导不好,往往会影响孩子的学业,甚至出现父母难以控制的情况。担心归担心,父母是不可能不让孩子与异性交往,那么,如何正确引导孩子与异性交往,才是避免早恋的关键。

1.父母要根据孩子不同年龄段的特点,超前教育引导,防患于未然。对于处在朦胧期的孩子,父母要引导孩子正视自己的性别角色,在与异性同龄孩子交往中要大方、诚恳,克服拘束、害羞心理,而与成年异性交往,不宜过分亲昵。父亲对于女儿,母亲对于儿子要特别注意适度亲近,不要过分。

对于处在爱慕期的孩子,父母要教育孩子尊重异性和自我尊重,注意自身的仪表和文明礼貌,多关心班集体的事情,为集体出力,在男女同学合作,或学习生活中,不要随便盯看异性同学等。

对于处在初恋期的孩子,父母要教育引导孩子多参与集体活动,尽量减少与异性同学单独接触的机会,特别是不要跟某一位异性同学过多的单独接触,避免萌发初恋之情,牵扯精力。教育孩子与异性交往时要注意自己的言行,要尊重异性同学,不说不文明的话,不随便打闹嬉戏。

对于处在钟情期的孩子，父母要教育孩子学会适应集体的学习和生活，克制自己与异性交往的感情需要，教育孩子要有自己的职业生涯规划和理想。

2. 父母要规范自己的一言一行，通过潜移默化，给孩子以积极的影响。父母之间感情的融洽程度往往会影响孩子感情的发展和今后的婚恋观。在家庭里，父母之间要做到感情和谐，要表现出对对方的真诚关心与人格的尊重。

父母在孩子面前不要说带有性别歧视的话，如父亲不要说"女人头发长见识短"，母亲不要说"世界上的男人没有一个是好的"。也不要动粗，不要用武力解决家庭的矛盾。

父母在孩子面前，不要做过分的亲昵动作，不要穿过于暴露的衣服。无论在什么场合，父母都要注意文明礼貌，尊重异性，给孩子做好示范。不要带孩子去一些特殊场所，不看不文明的书籍。

3. 父母要尊重孩子与异性交往的权利，保持平常心，既不能放任不管，也不能捕风捉影。现在的孩子许多是独生子女，由于从小身边没有兄弟姐妹，没有互助、竞争的机会，一般都缺乏自理能力，缺乏处理人际关系的能力和与人协作的精神。这些都可能直接影响孩子日后的生活、工作。所以，父母应引导孩子提高社交能力，有选择性地结交朋友，要结交志趣相投、心灵高尚、勤学上进、珍视友谊的同性和异性朋友，防止孩子染上各种坏习气。

如果有异性同学偶尔来家里玩，父母也应该热情接待，珍视孩子之间的友谊。当然，也要注意观察。如果孩子有与异性交往的现象，既不能不闻不问、放任自流，也不能严密监视，更不能随意训斥、制止交往。理性的父母要在观察的基础上，选择时机引导孩子与异性交往，培养孩子与异性的交往能力。

4. 父母要采取有效方法疏导出现早恋苗头的孩子，不要盲目苛责、命令压服。如果父母发现孩子确有早恋苗头、写情书、单独约会等，父母也不能怒火中烧，采取强迫措施，严厉对待，"棒打鸳鸯"。这样做往往适得其反，导致不良后果。父母要站在孩子的角度解决问题，了解孩子情感发展的特点。

对异性的爱慕一种是朦胧的情感。这在小学五六年级和初中七八年级的孩子中较为常见。表现为对异性有好感,并有亲近的欲望,模仿性强,有点像小孩子"过家家"的味道,变化快、目标不确定,这并不是真正的恋爱。这类孩子比较容易接受师长的建议,也最容易反复,老师和父母应注意加强对这部分学生的引导教育,注意培养孩子的兴趣、爱好,以转移孩子的注意力。

另一种就是真正投入的恋爱,具有强烈的情感。这在初中和高中的孩子中表现明显。他们不再是玩游戏,而是真正投入感情,而且情感总是热烈的。他们往往会把自己所爱慕的对象想象得十分完美;当有外力干预时,一般会表现出很强的坚忍性,哪怕是最没有性格的孩子,也会表现出很坚持的态度。这时,父母不能急,只能密切关注,以尊重、理解孩子的态度,选择恰当的时机耐心地和孩子谈心。鼓励孩子做一个意志坚强、目光远大的人,向孩子说明早恋的危害,要求孩子珍视男女同学间的友谊。

另外,父母要关注孩子与异性交往的范围,控制孩子与社会上的异性进行交往。孩子与异性交往的范围一般都应局限在学校内。由于现在社会环境的复杂性,如果孩子与社会上的同龄异性交往,父母应提高关注度,以免孩子因为自控能力差、好奇心强而上当受骗。

◆引导孩子处理交往中的矛盾

当孩子渐渐长大,交往范围也不断扩大,矛盾就如影子般尾随而来,此时,作为父母,要及时发现并引导孩子正确面对交往过程中的矛盾,帮助孩子在矛盾中成长,在体验中逐渐走向成熟。

引导孩子学会自己解决冲突,是促进孩子成长的必备环节。当孩子和同伴发生冲突时,父母应该冷静、客观地观察,不急于干涉,让孩子有充分的时间和空间去发挥自己的能力,尝试着让孩子自行解决矛盾。如果父母完全替代孩子解决交往中的矛盾,那么孩子就被剥夺了成长的机会。

小刚在小区里玩耍时，经常被大他两岁的小强欺负，小刚往往会哭哭啼啼地跑回家。小刚妈选择息事宁人，狠狠地训斥了小刚一顿。

有一天，小刚爸在家，看到小刚被打了，不问青红皂白，气呼呼地找到还在小区玩耍的小强，推了小强几下，小强也哭着回家了，小刚在一旁很高兴。

当孩子发生矛盾时，无论是教育孩子无条件地忍让，还是充当孩子战败后的帮手，都不利于孩子的健康成长。正确的做法是，父母先要问清缘由，再做出理性的调解。

引导孩子学会自己解决冲突，并不等于父母对孩子发生的矛盾不管不问，袖手旁观，而是有的时候父母要管，有的时候要放手，有的时候要提供帮助，这样才能让孩子学会处理矛盾。

茜茜有一双灵巧的小手，她特别喜欢做纸花，还把纸花贴在家里的墙上、门上。

一天，隔壁的小刚和妈妈一起来茜茜家串门。小刚看到茜茜家茶几上用积木搭成的花园，心里特喜欢的，用手去摸，一不小心把花园给弄掉了一部分。茜茜看见了很生气，便冲小刚大吼，还推了小刚几下，还说让小刚回去，不让小刚来她家玩了。

小刚知道自己闯了祸，不知道怎么办才好，小脸憋得通红。小刚妈见状，安慰了茜茜几句，就拉着小刚回家了，茜茜妈在旁边劝了茜茜几句，就送客出门了。

过了几天，茜茜早把这事给忘了，她去找小刚玩耍，可是小刚妈再也不允许小刚与茜茜玩了。

小刚面对茜茜来势汹汹的责难就“傻了眼”，其实这正是教育孩子的好时机，如果小刚妈告诉小刚做错了事情要说对不起，并且教给小刚补救的方法；如果茜茜妈这时引导茜茜学会宽容、理解，那么两个小伙伴的矛盾也许就化解了，再遇到这种情况时，茜茜、小刚就知道该怎么办了，不会再那么窘迫了。

那么，在具体的引导过程中，父母应该怎么做呢？

1. 父母不要大包大揽地替孩子解决问题。父母必须清醒地认识到，孩子从小到大，遇到问题是不可避免的，也是孩子成长所需要的。在一次次解决问题的过程中，孩子会尽快成熟起来。当孩子暂时遭遇困难的时候，父母要给予孩子安慰和提出建议，要相信孩子，鼓励孩子从解决问题中总结经验，吸取教训。

2.父母不要偏袒孩子，要充当调解人。父母对孩子的错误行为不能视而不见，也不能固执地认为自己的孩子不可能做错事，总认为老师的批评带有偏见，总觉得自家孩子是最乖的。如果父母在孩子的矛盾冲突中偏袒自家的孩子，会让孩子觉得自己有靠山，不能正确认识自己的错误。所以，当父母介入孩子的矛盾时，应该充当和解使者。

3.父母要教会孩子处理矛盾的技巧。父母要教会孩子懂得互惠是有效解决矛盾的原则，引导孩子寻找双方的利益平衡点，力争把伤害降到最低。要教孩子学会与冲突方恰当、有效地沟通，共同协商，以达成相互谅解。

4.要积极干预和帮助孩子解决矛盾。让孩子自己学会去解决问题固然重要，但有的时候，还是需要父母的介入干预和帮助。如果孩子表现出很霸道、凡事自己占先的态度，父母就要引导孩子学会分享。如果孩子缺乏主见，很容易被其他人指使或摆布，父母就需要告诉孩子，把自己的想法说出来，不应该总是按照别人的方式去行事。如果孩子被取笑、被捉弄，父母可以通过故事书或者电视电影让孩子认识这种状况，并帮助孩子预先做好一定的心理准备。如果孩子之间的冲突，可能给一方带来危险，或达到肉体伤害的程度，父母就要立马干预，先制止，然后再分析情况，给予教育。

总之，孩子在学习和生活中遇到的各种各样的问题，是孩子成长锻炼的一个重要机会，父母一定要帮助孩子抓住这个机会，培养孩子各方面的能力，使其适应复杂的社会，让孩子做一个独立的、自主的、健康的人。

◆教会孩子与人合作

合作是一种态度,也是一种能力。一个懂得合作的孩子,能更好地适应环境,并能很好地发挥自己的潜能。一个孩子能与人融洽相处,是从与人合作开始的。合作不是一般的交往,而是有着共同的目标和任务,双方或多方是相互帮助的共同体。

每年秋天,大雁都要飞到南方去过冬,它们往往排成整齐的"V"字形飞行在天空。

它们为什么要这样飞行呢?

研究得知:当一只大雁拍击翅膀时,就会为后面的大雁制造上升气流。当领头的大雁疲劳时,就会让另一只大雁占据领头的位置。后面的大雁发出"呷呷"的叫声,给前面的大雁鼓劲。

当有大雁掉队时,马上就会感到独自飞行的阻力,很快会回到队伍中来。

当一只大雁生病或受伤而掉队时,会有两只大雁随它一起飞落到地上,帮助和保护它,直至生病或受伤的大雁好转或死去。

(《中学生内文文本》,有删改。)

对于大雁来说,互相合作已不仅仅是一种精神,更是一种生存的技巧。在合作的过程中,孩子会逐渐学会如何协调自己与他人的利益,使整体活动得以顺利进行。所以,做父母的应该尝试着培养孩子的合作意识。

现在是一个竞争激烈的社会,每个孩子要学会生存,就要学会合作。与人合作不是一件容易的事情,每个孩子有心理、情感、能力、态度和价值观上的差异。有的孩子任性、脾气大,与人合作能力差,这就需要父母培养孩子与人合作的能力。那么,怎么培养孩子的合作能力呢?

1.父母要培养孩子合作的意识。父母要培养孩子与同伴合作的意识,激发孩子与同伴合作的愿望。父母可以利用周末或节假日带孩子一起购物、一起游戏等。孩子一个人玩耍、做事时,父母可以问孩子:"需要帮助吗?"激发孩子合作的意识和愿望。父母也可以给孩子讲一些合作的故事和道理。

2.父母要引导孩子为他人着想。父母要教会孩子与他人友好合作，要让孩子学会为他人着想。父母应教育孩子在活动时对同伴有礼貌，不乱吼同伴，不要有侮辱性、歧视性的称呼。在相处中要互相谦让，友好相处，分享玩具、图书等，对都喜欢的玩具或项目不要争抢，要学会轮流玩，一起分享。这样，孩子遇到事情才会想到别人，也才能玩得快乐。如果孩子不能为别人着想，事事以自我为中心，就不能与人友好合作了。

3.父母要引导孩子在竞争中学会合作。只有在竞争中学会合作和在合作中学会竞争的孩子才具有较强的竞争能力，也只有善于合作的孩子才知道怎样竞争。一个人的力量永远是微薄的，只有合作才能聚集起强大的力量，完成个人所不能做到的事情。不懂合作的人在生活和工作中会遇到许多障碍和困难，得不到他人的帮助，可能无法达成目标。

4.父母要给孩子提供合作的活动场景。父母要积极鼓励孩子参加亲子活动、社区活动、亲戚互动等。活动是培养孩子合作交往能力最有效的方法，在活动中孩子可逐步社会化。要让孩子参与日常家庭生活中的一些事，全家人一起打扫卫生，彼此为对方阅读、讲故事等。要与孩子一起思考一些问题，彼此交流各自的感受。

5.父母要教会孩子解决合作中遇到的分歧。孩子与同伴在活动中有分歧是常有的事，父母要引导孩子学会尊重、理解同伴，学会倾听对方的观点，相互商量，集思广益。当孩子学会倾听多方面的意见和观点时，就能提高掌握解决问题和化解矛盾的能力，这样，各方才能继续合作。

对不同孩子的教育要有区分度

这里的区分度，是指父母在教育孩子时，要根据自己孩子的个性因材施教。

在家庭教育中，父母要明白，每个孩子的生命都是与众不同的，每个孩子都是一道独一无二的风景。每一个孩子都是独特的，他们有自己独特的认识事物和探索学习的方法。父母要从孩子的实际情况、个性差异出发，有的放矢地进行教育，使孩子扬长避短，获得最佳发展。

在家庭教育中，既要理性地发展孩子的个性，从小培养孩子良好的性格与习惯，又要学会抑制孩子的任性，对孩子的任性加以教育和引导。

◆对孩子的教育要因材施教

家庭教育需要因材施教，父母要从孩子的实际情况、个体差异出发，有的放矢地进行教育，使孩子扬长避短，获得最佳发展。

孩子是有个体差异的，表现在发展速度的差异、思维类型的差异、性格爱好的差异等方面。同一个孩子，对不同的教育方法会有不同的敏感性；不同的孩子，对同一种方法的反应情况是有差异的。一把钥匙只能开一把锁，只有适合孩子的教育，才是有效的教育。所以，父母在对孩子进行教育时要做到因材施教。

有一次，孔子讲完课，回到自己的书房，学生公西赤给他端上一杯水。这时，子路匆匆走进来，大声向老师讨教：“先生，如果我听到一种正确的主张，可以立刻去做吗？”孔子看了子路一眼，慢条斯理地说：“总要问一下父亲和兄长吧，怎么能听到就去做呢？”

子路刚出去,另一个学生冉有悄悄走到孔子面前,恭敬地问:"先生,我要是听到正确的主张应该立刻去做吗?"孔子马上回答:"对,应该立刻实行。"

冉有走后,公西赤奇怪地问:"先生,一样的问题你的回答怎么相反呢?"孔子笑了笑说:"冉有性格谦逊,办事犹豫不决,所以我鼓励他临事果断。但子路逞强好胜,办事不周全,所以我就劝他遇事多听取别人的意见,三思而行。"

(张昌红,《当前高校古代文学多媒体教学问题及对策》,有删改。)

这个故事告诉父母,要选择适合每个孩子的性格特点的方法来进行教育,发挥孩子的长处,弥补孩子的不足。

教子的前提是知子,父母要充分了解孩子,针对孩子的个性特点,正视孩子的差异,顺应孩子的优势发展,同时,要尽可能补救、提升孩子的劣势领域。

有位同事曾背着画板陪孩子去学画画,当他看到女儿画画时满腹委屈、眼含泪水的样子,同事明白了,孩子不是这方面的料。

后来,同事发现孩子对语言的悟性特强,不需要重复多听,便能准确复述且吐字清晰,于是,就教孩子认字、阅读、学英语。但孩子太小,注意力容易分散,兴趣稍纵即逝。面对这种情况,同事通过创造有利的学习环境与条件,让孩子的兴趣变得持久。

同事虽然不懂英语,但知道自己应该怎样做。随着知识面的拓展,这位孩子几乎对英语着了魔。

每一个孩子都有独特的个性,每一个孩子成长的环境和物质基础都是不同的。所以,在家庭教育中,父母要充分考虑到孩子的个性特点。

1.父母在实施教育时要考虑到孩子的性别特点。男女孩子在生理、心理上存在着差异,女生在生理发展上较男生一般早熟一两年。在十一二岁前,女孩子的语言能力和机械识记能力一般优于男孩子,再加上本身学习的内容中抽象思维的成分比较少,所以此时女孩子的学习成绩普遍高于男孩子,但随着年级的升高,学习内容机械识记成分减少,相应地抽象思维的要求越来越高,男孩子的优势开始发展。所以,父母应看到男女孩子各自的优势,因势利导。

2.父母在实施教育时要结合不同年龄段孩子的生理心理特点。一般说来，孩子在了解世界的过程中要经历四个阶段：出生至24个月，孩子通过叫喊、倾听、敲打、尝试所有新鲜事物活动来探索这个世界；24个月至7岁，孩子可以接受图像、文字和简单概念；7岁至12岁，孩子掌握了制作符号、物体的能力；12岁以上，孩子能够思考抽象的概念，开始明白未来、价值、正义这些抽象的概念。

3.父母在实施教育时要考虑孩子能力的差异性。父母在教育孩子时，一是要考虑到孩子的能力有大有小，父母不可强求自己家的孩子能力是最强的；二是父母要考虑到孩子的能力的发展有早有晚，有的人早熟，也有人大器晚成；三是要考虑到孩子能力结构上的不同，有的长于空间想象，有的长于形象记忆。

4.父母在实施教育时要尊重孩子的个性特征。由于生活的环境、成长的经历等不同，每个孩子都有自己独特的性格。一个人的性格直接决定其情感、态度，以及对周围的反应，会影响其学习、生活的状况。如果孩子的学习成绩不好，其原因往往与性格有关，而且不同性格的孩子对于学习的方式和内容的敏感度也不一样。

总之，每个孩子都有其个性。作为父母，要认识自己孩子的特点，了解孩子的长处和短处，挖掘孩子的潜能，扬长避短，因材施教，把不同个性的孩子培养成为社会各行各业的有用人才，培养成为快乐的人。

◆不必强求孩子成为最优秀的

俗话说“金无足赤，人无完人”，这个世界上并没有完美的人。父母应当尊重孩子的成长规律和教育规律。

现实中，有的父母对孩子的期望值特别的高，即使孩子的成绩已经很优秀了，达到了令其他同学羡慕不已的地步，但父母仍然不满意，因为他们心中的孩子是无所不能的，是周围孩子中最优秀的。

胡灿是老师和同学眼中的好学生，她各门功课都很优秀，经常被老师夸奖，其他同学也都很羡慕她。可是，这样好的孩子，在她父母眼中却仍然不够优秀。

有一次期末考试，胡灿的语文在班上排名第二，照理说，这样的成绩应该是很优秀了。然而胡灿的妈妈却因此特意跑到学校，问老师她女儿这阶段是不是学习不认真，上课不专心。老师听了觉得很奇怪，就说：“没有啊，她表现一直很好。”

胡灿妈妈听了却说：“那为什么被别人追上来了呢？以前不都是第一吗？”老师只好解释说：“第二名也是很不错的成绩了。”胡灿妈妈对此却不以为然，仍然一口咬定是其不专心所致，还要求老师今后要多督促胡灿，对她更加严格要求。

（周文敏，《走出思想的极端——青少年不能不掌握的思维路线》，有删改。）

胡灿妈妈的这些话让老师觉得有点匪夷所思，这么优秀的成绩居然还不满意，难道真要孩子永远第一，永远满分？这样孩子多累啊！

父母对孩子要求严格固然是对的，但是如果孩子在经过自己的努力后，仍然达不到父母的要求，就会对学习失去兴趣，甚至对自己失去信心。父母如果对孩子要求太高，过分地期望孩子超出常人的优秀，会引起孩子的反感，甚至导致悲剧发生。其实，对于孩子来说，其成长的过程中，需要的是父母的不断鼓励、表扬，需要父母的尊重、宽容，而不是永无止境的要求。

每个孩子都有自己的个性，有优点，也有缺点。父母由于天天跟孩子生活在一起，眼中看到的似乎总是孩子的缺点，而忽视了他们的优点。父母不能只凭生活中的某个方面就认定自己的孩子不如别人、没有出息，而是应该善于发现孩子的优点，发现孩子与众不同的地方，要始终相信自己的孩子是优秀的，要把赞美留给自己的孩子，让孩子在父母的赞美声中继续发扬自己的优点和长处。

孩子的天资有别，学习有快有慢，成绩有高有低。父母不要随意地给孩子下是否优秀的结论。孩子的优秀是相对，不能固执地把孩子放在一个封闭固定的范围内评价。况且，看孩子是否优秀既要综合全面，还要以发展的眼光来看待。特别注意不能把自己孩子的短处和别人孩子的长处相比，甚至把别人的孩子过度美化和夸张。无论孩子是否优秀，父母都应当给予尊重、信任和理解。这样的教育才有力量,才能使孩子的心灵得到舒展,让孩子得到努力上进的动力、信心和勇气。

总之,父母不必强求孩子成为最优秀的那个,而是要量体裁衣地培养孩子,应该给孩子最大的宽容和鼓励,让孩子在宽容中找到继续努力的动力,让孩子在鼓励中去创造更适合自己的人生。只有拥有良好的情感、态度、价值观,孩子才能激发出自己的潜能,才能健康快乐地成长。

◆每个孩子都是独一无二的花朵

世界上没有两片完全相同的树叶,也不会有两个完全一样的孩子。每一个孩子都是独特的,有自己独特的认识事物和探索学习的方法。每个孩子都可能去探索、尝试、犯错、纠错;每个孩子都有自己的好奇心、智慧和情感。

做父母的一定要记住,每个孩子都是独一无二的花朵,不要强求他们都长成一样的牡丹。

杜鲁门当选美国总统后,有人向他的母亲祝贺:“你有这样的儿子,一定十分自豪。”

杜鲁门母亲的回答出人意料:“是的。不过,我还有一个儿子同样让我骄傲。他现在正在地里挖土豆。”

(章亭晖,《名人幽默》,有删改。)

这是一位清醒而了不起的母亲,她丝毫没有把“高低贵贱”的世俗观念用于对孩子的爱的天平上。

做父母的一定要明白,孩子之间的差异是必然存在的,观照差异,才能实现教育的最大价值。

钱锺书小时候,他的父母不会像今天有的父母那样“折磨”孩子。

钱锺书小时候受知识分子家庭环境影响,喜欢看古籍,喜欢自己研究和揣摩古文,但是他有一个问题,他自幼最讨厌数学等理科的知识。他当年的考试很好笑,语文满分,数学才15分。父亲问他为什么,他说喜欢语文,很讨厌数学。

于是父亲专门依照他的爱好，让他往这方面学习，并且还托人弄来很多就连自己都不懂的古文给他阅读。他自幼在这种环境中长大，语文相当厉害。

最后，清华大学外语系破格录取了他。

（贺永立，《新高考满分作文导航》，有删改。）

父母给孩子一点阳光、一点温暖、一点鼓励与赞扬，在孩子的心田里就会开出世界上最美的花。父母不必刻意去追求要使孩子怎么发展，是小草就让它装饰大地，是参天大树就让它长成栋梁之材。

父母要培养孩子的自信心、爱心、责任心，培养孩子学会自我管理、有抗挫折的能力。这些素养与孩子的健康成长息息相关，有了自信心孩子就爱学习，有爱心孩子就能处理好同学关系，有责任心孩子就会认真学习，善于自我管理的孩子就会自觉学习，有抗挫折能力的孩子就不怕困难。

父母要善于发现和充分利用孩子的天分、优点，善于观察孩子，挖掘孩子的特长，发展孩子的能力。父母不要主观地把孩子归入某一类，而应该深入地了解孩子，记住孩子的优点和缺点。父母要因材施教，尽可能地根据孩子个人的特点，弥补孩子的弱点，帮助孩子获得成功。

总之，人的智能发展会呈现出不均衡性，每个人都有自己独特的智能强点和弱点，如果能够找到孩子智能中的最佳点，孩子隐藏的潜力便会得到最大化的发展，进而取得惊人的成绩。

◆孩子的个性不能成为任性

所谓“有个性”，是指有主见，在碰到问题时，能坚持自己的正确观点和合理行为。个性表现往往指善良、勇敢、诚实、守信等。

任性虽然也表现为坚持自己的想法与行为，却是无理取闹，所坚持的是不合理的思想和行为。

一位母亲讲，她儿子王理9岁多了，小学三年级，基本上是爷爷、奶奶带大的。

爷爷、奶奶把孙子当作掌上明珠，百依百顺，宠爱有加，想要什么就给什么。久而久之，王理形成了固执、自私、任性的性格。你要他向东他偏向西，他想要什么就得立刻给什么，如果不给就大哭大闹，甚至赖在地上撒泼。

在学校里，王理也听不进老师和同学的批评意见，一遇到不顺心、不如意的事，就乱发脾气，又吵又闹，根本听不进劝说。老师、家长为此很伤脑筋。

（韩磊，《教育好孩子的50个关键》，有删改。）

显然，王理表现出的不是个性而是任性。任性是孩子、特别是独生子女常见的坏习惯，主要表现为固执、不听从劝告、不接受他人意见、一意孤行。任性是孩子的一种不正常的心态，是孩子要挟大人满足自己某种需要的手段。造成孩子任性的原因很复杂，一般说来，受先天、后天因素和生长发育特点的影响。

1. 受遗传因素的影响。有的孩子天生就属于较兴奋的类型，情绪表现较强烈，属于那种所谓“有个性”的。如果后天的教育跟不上或者不得法，就无法对其进行正确引导，就容易出现任性的行为。

2. 受后天因素的影响。如果父母过度宠爱孩子，对孩子的过分顽皮、无理要求不给以及时的教育，或教育的力度不够，或教育方法错位，生怕孩子受到委屈，会容易使孩子产生任性的行为。如果父母以不正常的心态看孩子，把孩子的缺点也看成优点，孩子越是任性就越是感到得意，极易使孩子出现不良行为。如果父母的教育方法简单粗暴，会造成孩子的逆反心理。如果父母蔑视孩子的人格，总爱讽刺、挖苦、责骂孩子，或者当着众人的面数落孩子，会激起孩子有意与父母对着干。如果父母本身比较任性，平时做事一意孤行，不听劝告，在潜移默化中，孩子也容易形成任性的性格。

3. 受生长发育特点的影响。在正常发育的情况下，孩子两三岁就开始出现心理反抗现象，出现强烈的独立意识，处处以自我为中心，遇到不满意、不顺心的事情就大哭大闹，劝阻和强制都不起作用，直至家长妥协，自己满意为止。作为父母应该及早发现、及时纠正，运用科学的教育方法，根据孩子的生长发育规律进行教育。教育时要做到关爱有度，宽容有度，满足有度。

在现实的家庭教育中，很容易混淆个性与任性。如果父母把任性误解为个性，把孩子的不守纪律、不讲道理，认为是孩子有个性，并加以肯定，甚至给予表扬、称赞，这样会使得孩子在个性与任性中陷入迷茫，分不清是与非，由着性子来。这对孩子的成长和将来的幸福都是不利的。作为父母应当对孩子加以教育和引导，让孩子从小养成良好的性格与习惯，让孩子的个性得到张扬，任性得以抑制。

那么，怎样引导孩子克服任性的毛病呢？

1.父母要满足孩子的合理要求。如果不管孩子提的要求合不合理，有没有实现的可能，都予以拒绝，这样孩子的要求长期得不到满足，就会产生不满心理，产生对抗情绪，容易形成不服管教的性格，或是不敢提出正当的要求，从而一味顺从大人，行为畏缩，胆小怕事，最终失去个性。

2.父母要做到有原则地满足孩子。如果孩子的不合理要求得到无原则地满足，渐渐地，孩子必然为所欲为，自私自利，任性蛮横。因此，父母只有在尊重孩子的基础上，适度地满足孩子，而不是一味迁就，孩子的心理才会健康发展，才能使孩子既有鲜明的个性又不至于任意妄为。

3.父母要有条件地满足孩子的需求。父母应注意在日常生活中培养孩子的自主性和独立意识，与孩子有关的事多征求孩子的意见，同时给孩子一些限制条件，超过了限制条件就不要满足要求，这样，孩子才会明白，不是所有的要求都能得到满足，必须放弃不合理的要求，不能随心所欲。

4.父母要让孩子扩大视野、增长见识。孩子有时任性是因为知识少，认死理，往往把错误的行为当成正确的行为，固执己见。孩子还不易分清坚强与固执、谦让与软弱、勇敢与蛮干的界限。父母要想办法使孩子扩大视野，增长见识，孩子见多识广后，就会改变自己过去一些错误的做法。

5.父母要创造条件让孩子多交流。如果不与同龄人交往，就容易形成孤僻、执拗的性格。形成了这种性格，在外面和小朋友、同学相处很困难，往往表现出以自我为中心，希望其他人也像父母一样满足自己，一旦不顺心，回家后更要耍脾气。因此，父母要为孩子创造条件，让孩子多和同龄人交往，平等相处。

总之，孩子任性的毛病不是短时间养成的，“冰冻三尺非一日之寒”，它是在较长时期内教育没有把好分寸的结果。要让孩子改变任性也非一日之功。父母要有耐心，要持之以恒，反复教育，直至孩子改掉这个毛病为止。

守望孩子的成长要有韧度

这里的韧度，是指父母在教育孩子的过程中，要有耐心、信心、恒心，不可急躁和短视。对一些比较特殊的孩子的父母来说，更要坚忍和坚守。

在家庭教育中，韧度是父母培养孩子的重要素质。培养孩子的过程，总是要经历和承受无数大大小小的失败和挫折，父母需要的是耐心和等待，需要学会抑制自己的情绪，需要学会不放弃，勇敢地面对困难。

在家庭教育中，父母要懂得教育是慢艺术，不要求一时的速度与效率。要耐心倾听孩子的心声，慢慢等待孩子成长，长久地做好孩子的榜样，平静对待孩子的成功和失败。对孩子青春期的烦躁和不安，要给予最大的理解，这样孩子的成长过程才是快乐的。

◆教育孩子需要耐心和等待

父母在教育孩子的过程中需要有耐心，急不得。教育孩子不是短时间就能完成的事情，是一个慢慢积累、由量变到质变的长期过程。经常听一些父母说：“孩子真是既不懂事又不听话。我是个急脾气，几次说了他不听之后，就控制不住自己的情绪。”这种情况比较普遍，代表了一部分父母在教育孩子时缺少必要的耐心。许多父母知道教育孩子需要耐心，但在具体的教育中，又很难控制好自己的情绪和行为。

如果父母在教育孩子时缺乏耐心，就可能会给自己今后的教育和孩子的成长带来不利的影响。其一，如果父母缺乏耐心，孩子就难以接受父母的批评和教育；其二，如果父母缺乏耐心，可能使孩子产生逆反心理；其三，如果父母缺乏耐心，可能使孩子撒谎，不愿接受父母的帮助；其四，如果父母缺乏耐心，会严重影响亲子关系，可能造成情感交流困难。

每个父母都希望自己的孩子成为健康的人、有出息的人，这需要父母耐心地教育和等待，只有希望是不行的，打骂也不会奏效。

小沃尔森作为富家子弟，与一些花花公子混在一起，染上了一些坏习性，成为问题少年，差点被中学开除。

老沃尔森为人正直，援助了很多公益事业，在社会上享有很高的威望，老师和老沃尔森的朋友们经常拿父子俩进行对比，希望小沃尔森不要损害父亲的名誉。

后来，老沃尔森引导小沃尔森朝他感兴趣的方向发展，让好动的小沃尔森学会了开飞机，并冒着危险送他参军，参加了打击日本军国主义的战争，经受了炮火的洗礼。经过几年部队的严格训练，小沃尔森终于被打造成了守纪律、责任心强的青年军官。

退伍后，小沃尔森进入IBM公司工作，业务水平不断提高。

数年后，世界上第一台计算机被研制出来，人们还看不到它的商业价值时，小沃尔森大胆倡议，马上生产计算机产品。老沃尔森感到儿子已经超过自己，遂急流勇退，把位子让给小沃尔森。而小沃尔森也不负众望，把IBM打造成世界上最大的计算机公司。

（戴伯龙，《贵人改变命运》，有删改。）

古希腊哲学家柏拉图说："耐心是一切聪明才智的基础。"老沃尔森耐心地让"问题少年"成为优秀的人就是最好的例证。所以，建议父母做好以下几点。

1.父母对孩子的成长过程要有耐心。孩子的成长都有一个过程，其成长过程的快慢是有内在规律的，而且这个快慢因人而异，因时而异。孩子成长的路是不能追求捷径的，如同农作物的成熟要经过一定的时间、阶段一样，如果忽视孩子生长的需要和时机，急于得到结果，必然会导致不良的后果。孩子的成长过程总是伴随父母的教育过程，只有父母找到适合的、分寸得当的教育方法，教育才能事半功倍。

2.父母对待孩子的犯错要有耐心。父母要意识到，孩子毕竟是孩子，正处于生理、心理等各方面逐步健全的过程中，在辨别力、自控力上还比较差，教育孩子不是“一锤子的买卖”。孩子总是在重复犯错中成长，不犯错和犯了错不再犯的孩子都只是理想状态，这就需要父母在教育孩子的过程中有耐心，要反复教，教反复，反复抓，抓反复。

3.父母对孩子的学业成绩要有耐心。做父母的对待孩子的学业成绩千万不能操之过急，更不能因为孩子学习不好而指责孩子，谩骂孩子。当孩子的学习遇到困难时，父母更要关心他、支持他，鼓励他坚持不懈，努力奋斗。要帮助孩子树立理想，培养孩子的自信心和勤奋好学的态度，让孩子养成独立学习、不依赖他人的良好习惯。父母不要因为孩子一次考得不好就心急心冷；不要频繁干预，频繁指导；不要把学习成绩当作评价孩子的唯一指标。

4.父母对逆反期的孩子更要有耐心。当孩子出现逆反心理，情绪强烈激荡时，父母不要恼怒，不可“针尖对麦芒”，以任性对任性的“阵地战”，否则会火上浇油，而要进行“游击战”，停一停、等一等，要么冷静下来再处理，要么直接冷处理。当孩子以哭闹或者耍横耍赖来威胁时，父母要有底线意识，迁就要有度，必要时父母的心要狠一点、硬一点。对叛逆期的孩子，父母要做到经常和孩子沟通，尊重、理解、关怀、鼓励和信任孩子。

5.父母对自己正确的教育行为要有耐心。父母的家庭教育行为要贵在坚持。本来教育就是慢艺术，孩子的本领掌握、习惯养成、学习进步等都有一个过程，父母这时不要对自己的教育行为失去耐心。另外，父母教育孩子的过程是很辛苦的，也需要父母坚持。有的父母对孩子讲故事，这是很好的教育行为，但要父母每天给孩子讲故事，就确实需要极大的耐心。

总之，在家庭教育中，父母一定要耐心地倾听孩子的心声，慢慢等待孩子的成长，长久地做好孩子的榜样，平静地对待孩子的成功和失败，一如既往地鼓励支持孩子努力学习，对孩子青春期的烦躁和不安，要给予最大的理解和帮助。如果父母没有耐心去等待成功的到来，那么，只好用一生的耐心去面对失败。

◆教育孩子时父母要学会控制情绪

父母在家庭生活和家庭教育中难免会感到烦扰、挫败，一般的父母不可避免要生气、愤怒，甚至发狂。

如果父母在生活、工作中遇上烦心事、压力，那么就更容易生气、发怒。如果父母面对孩子的教育束手无策，想让孩子往东，孩子却往西，还与父母讨价还价、狡辩等，而父母却找不到解决问题的方法时，烦躁和无奈积压到一定程度，就会被某一件事点燃，表现出愤怒。

愤怒是父母的情绪，愤怒不是教育孩子的好方法。父母要明白，哪怕你们发泄愤怒的理由有千万条，孩子都不能成为你们发泄愤怒的工具。

“我爸爸发脾气的时候，我特别害怕，想找个地方躲起来，可是腿上没劲，再说也不敢，我怕他冲上来把我撕成两半！”

“我妈妈是火爆脾气，她一生气就披散着头发砸东西，和她平时完全不一样，好像变成了另外一个人！”

“我讨厌我爸爸，因为我都快上高中了，可他动不动还在我面前大吼大叫，他以为这样，我就能听他的话了。他错了，我觉得他要是肯平静地跟我聊聊天，效果可能会更好。”

“我爸爸跟我发脾气的时候，我觉得很害怕，他跟我妈妈吵架的时候，我觉得更害怕，我担心他们会离婚。还有，我觉得自己很没用，如果能在他们吵架的时候施展魔法，让他们不吵就好了。”

“我爸和我妈都是大嗓门儿，老是对我吼来吼去的，我真正是从小被‘吼大’的。我的几个好朋友后来不爱找我玩了，我还纳闷儿呢，结果有一个朋友告诉我，说我动不动就吼人。”

（陈靖昕，《妈妈越优秀 孩子越自信》，有删改。）

如果孩子长期生活在一种过于激烈或愤怒的情绪氛围下，不仅会使孩子感到害怕，而且还会影响孩子的行为。孩子不知道怎样才是正确的与人交流沟通的方式，以为吼叫、发怒就是最佳、最自然的方式。所以，父母千万别图一时之快，给孩子心理留下这样的阴影。当然，做父母的如果偶尔一次的情绪失控并不会严重伤害孩子，不过一定要注意，等气消了，要找孩子好好聊聊，语调尽量温和些，这样既有利于真正解决问题，又有利于消除孩子心理的恐惧感。

那么，父母如何才能学会控制自身的愤怒呢？

1.父母要学会把情绪和教育分开。父母要意识到，如果把愤怒当成教育工具，会对孩子产生消极影响，这种影响有短期和长期之分。

如果父母经常用愤怒的方式教育孩子，对孩子的短期影响很大。孩子在短期内的身体健康状况会受到影响，容易感冒、头疼、肚子疼、某些身体机能不正常。孩子的精神也会随之紧张起来，不停地挠头、不正常地眨眼等。孩子的学习成绩、社会行为也会受到影响，很难交到朋友或者不能友好地对待朋友。

如果父母在孩子成长的过程中经常发火、生气，对孩子的心理健康会产生不良的影响，孩子会表现得很沮丧、焦虑，情绪不稳定。在这种环境中长大的孩子还会有人格障碍，也容易发火、愤怒。当离子成人、成家后，对配偶、孩子也会常发脾气；参加工作后，出现各种问题。

2.父母要学会与家庭成员平静地沟通。当家庭成员生气的时候，总是会语速很快，音调上扬尖锐，在家庭成员对话时会影响对方，所以，无论是父亲还是母亲，在平常的家庭生活中要学会克制自己的情绪。

如果父母之间、亲子之间用带有愤怒的语气说话，会影响对方的情绪，相互之间容易产生敌对情绪。这种情绪是很容易影响孩子，给孩子带来不安的情绪，在这样的情况下，孩子是听不进父母的教育的，久而久之，还会影响父母的威信。

世界上没有哪个孩子喜欢父母大声吼叫，或喜欢生活在吵吵闹闹的环境里。

3.父母要加强学习。父母越是喜欢对孩子发怒，表示教育孩子的能力越差。父母要学会控制愤怒，同时加强学习，做一个懂家庭教育的父母，做一个有责任心的父母。

如果父母能处理好与邻里的关系、与单位同事的关系，以及与亲朋好友的关系，就会减少许多烦恼，让生活平静。要学会把忙碌的工作节奏放慢，停下来歇一歇，与邻里、同事、亲友组织一些活动，多交流家庭教育的心得。

如果父母能加强读书学习，多看家庭教育、业务知识、哲学等书籍，不仅能掌握教育的方式方法，还能调整自己的情绪。父母也可以通过出去走走，或者通过娱乐活动给自己减压。在遇到挫折、沮丧的事情时，换个角度，开开自己的玩笑；要用幽默有趣的方式来让自己愉快起来。易怒难控的父母，如果有必要的话可以进行心理疏导。

总之，父母要避免在家庭中表现出愤怒，既不要把发怒当作教育的方法，也不要把孩子当作自己发泄情绪的对象；不要说一些过分的话，也不要做一些过头的事。父母要学会给自己一些积极的信息，掌握一些控制愤怒的方法。在孩子成长的道路上，特别需要父母保持一颗平常心、一颗忍耐心、一颗安静的心。

◆教育孩子贵在坚持

家庭教育不是短跑，而是一项长跑，一时的激动、热情是不能改变孩子什么的。家庭教育的理论和案例听起来不难，但做起来难度很大，难就难在父母要持之以恒。

有一个孩子，上幼儿园时，一天老师就跟他妈妈讲："你的孩子连三分钟都坐不住，可能有多动症。你还是赶紧带他去看医生吧。"孩子知道妈妈去见老师了，就很关心地问妈妈："妈妈，今天老师说什么了？"妈妈忍住内心的难过，对孩子讲："孩子啊，你们老师说，你进步很大，本来一分钟都坐不住，现在可以坐到三分钟了。"小孩回家后，本来不爱吃饭的孩子，那天自己就吃了两碗。

后来念小学，一天老师又找他妈妈谈话说："你的孩子可能智商有问题，这个要好好注意。"妈妈回到家里，她的孩子已经在等她了。因为没考好，孩子自己也很难过，心情也比较沮丧，等妈妈回来，就问："妈，老师怎么讲？"他妈妈又忍住内心的难过，对他讲："你们老师对你很有信心，假如你再用用功，一定可以超过你旁边的同学。"这个孩子本来已经很沮丧了，妈妈这么一讲，马上眼睛就发亮了。那一天，她觉得她儿子特别懂事。

后来，孩子上初中了。一次家长会结束了都没有点到她儿子，她还有点儿不习惯，心里没底，跑去问老师：“我儿子情况怎么样？”老师说：“你儿子的情况，要考上重点中学太困难。”她就回去了，儿子又在家里等她。儿子问：“妈，老师怎么讲？”妈妈又说：“你们老师说，只要你肯努力，必定可以考上重点中学。”

后来，高中毕业了。这个孩子到学校去拿通知书，拿回来的是清华大学的通知书。孩子把录取通知书交给妈妈后，就跑进自己的房间去，放声大哭起来。他边哭边说：“妈妈，我知道自己不是一个聪明的孩子，可你欣赏我，耐心地陪伴我。”

（蔡礼旭，《一位母亲与家长会》，有删改。）

这个故事告诉父母，有了坚持，孩子的潜力才能得以不断开发出来，最后收获成功。

父母教育孩子需要坚持，首先是自己要坚持用正确的教育方法。如果父母下决心要改变自己过去错误的教育习惯，但在现实中，当面对孩子作业不认真、上课讲话、不主动收拾自己的用具、做事拖拉时，又控制不了自己，开始唠叨，在唠叨不起作用时，开始对孩子开始采取“非打即骂”的方式，家庭教育就会重回到老路上，这样的父母慢慢会对孩子失去信心，对自己也失去信心，剩下的只有无尽的抱怨。只有那些在家庭教育实践中，彻底改变自己过去错误的教育习惯，并把良好的教育方法坚持下来，让正确有度的家庭教育成为一种思维习惯和行为方式的父母，才能带给孩子真正的转变。一般来说，父母应做好以下几点。

1.父母要坚持培养孩子的良好习惯。教育孩子养成良好的习惯贵在持之以恒，不能三天打鱼两天晒网。对孩子实施教育的过程是相当烦琐、细碎、枯燥，且不能立竿见影的。如果父母仅仅是思想上比较重视对孩子的培养，但在具体的过程中没有足够的耐心、恒心、信心去培养、教导孩子，同孩子一起经受挫折、承担责任，就无法让孩子形成良好的行为习惯。

2.父母要制订适合孩子的明确计划。适合、具体而明确的教育计划，既让孩子有努力的方向，也让父母自己有一个培养的目标。如果孩子能坚持这个计划一段时间，那么就会让孩子初步养成良好的习惯，孩子初步完成目标后，获得信心，这会为后面的教育打下坚实的基础。如果在接下来的时间内能坚持执行这个计划，就会强化和稳固这个习惯，让孩子实现各种大小目标。

3.父母要帮助孩子坚持不懈地学习。如果父母坚持每天多教孩子一点，持之以恒，长时间积累，孩子的优势会越来越明显，更重要的是这种优势会作用于孩子的心理。孩子从小比同龄的其他孩子懂得多，孩子的自信心就会越来越强。自信心又会影响到孩子整个学习的效率、质量。学习不是三两天就能完成的事，需要由浅到深，由少到多的积累，这个过程是辛苦的、缓慢的。父母教育孩子要有耐心，父母自己也要有恒心。

4.父母要保持对孩子的信任。如果父母不相信自己的孩子，总是带着有色眼镜看自己的孩子，那么孩子的信心可能会被父母的情感态度给毁掉。所以，父母不管孩子现在的情况如何，都要相信孩子，对孩子的未来充满希望和信心。只有当父母把对孩子的信任传递给孩子，孩子才会对父母有信任感，才相信父母所教育的内容，并按照父母的话去做，久而久之，才可能继续向前，这样，孩子将来一定会有出息。

总之，教育孩子是一件持久的事，在短期内不会出成果，父母一定要有这个准备，只有坚持，不断地总结适合自己孩子的教育方法，才能使孩子养成良好的学习和生活习惯。好孩子是父母持之以恒培养出来的。

◆教育需要放下速度与效率

教育孩子一定要慢，要懂得教育是一门慢艺术。要有种花、钓鱼的心态，要耐心等待花开、鱼起。慢养并不是时间上的缓慢，而是说教育孩子时，父母不要担忧、不要心急，不要给孩子“超标”的期望，不要求一时的速度与效率，不要以孩子当下的表现来评价判断，更不要拽着孩子按照自己的愿望前行，而是要尊重孩子的差异，正确看待和评价孩子行进的速度。一位同事讲过一个真实的故事。

同事的女儿，当年读小学的时候常被带到办公室来。

记得有一次，同事对我说：“你看我的孩子不爱吃饭，瘦小，怎么办啊？”

我说：“你这孩子多少岁？”“10岁。”我说：“才10岁你着什么急啊？”“她学习成绩也不行，吃饭也不行，比同龄人都要矮一头，怎么得了。”我说：“你这么优秀，自己的孩子会差多少呢？你不要着急，太在乎这个东西没用，养人要慢慢来，你着急她也不会长啊！”

几年后，我在路上碰见这位同事和一个亭亭玉立的大姑娘走在一起。碰面后，同事说：“叫爷爷。这就是当年那个黄毛丫头。”我说：“你看你当年是那么着急，孩子几年工夫，长得比你还高，比你还漂亮。”同事说：“当时我真的着急，现在却觉得很自豪。”

确实，教育孩子就像养花一样，一边养一边看，一边静待花开，要慢，不要着急。

只有慢养，才能让孩子发现最好的自己，也才能让父母发现孩子身上的闪光点。真正的园丁是不会在意花开的时间，他们知道每种花都有自己的特点，只是开花的时节不同。

传说上帝给了人一个任务，叫人牵着一只蜗牛去散步。

蜗牛已经在尽力地爬了，但每次总是只能挪动那么一点点。人拉它，催它，吓唬它，责备它，甚至踢它，蜗牛仍然不紧不慢地往前爬。人在极端疲惫、懊恼之余，开始向上帝抱怨，为什么叫我牵一只蜗牛去散步？

“上帝啊！为什么？”人朝着天上喊，天上一片安静。

人想尽一切办法，想让蜗牛提升速度，但蜗牛还是只能挪动那么一点点。蜗牛受了伤，流着汗，喘着气，撑着疲惫的身子，带着伤痕累累的身体，怀着恐惧、紧张的心情，痛苦地跟在人的后面。

人没有办法了，只得任蜗牛慢慢往前爬。

人觉得极端疲惫和懊恼，心想不管它了，先到前面树下的阴凉处等蜗牛吧！此时一阵凉风吹来，让人颇有睡意，于是人便闭起眼睛享受这片刻的悠闲。

不久，人便听到蜗牛的脚步声离他越来越近，当人睁开眼睛时，蜗牛已悄然到了跟前。咦，怎么才闭上眼睛一会儿，蜗牛就赶上了？于是人放松心情，放慢脚步，陪在蜗牛旁边，一边与蜗牛聊天，一边欣赏着路边的景色。当闻到沁人心脾的花香，听到鸟鸣，看到晶莹的露珠在树叶和草茎上闪烁时，人困惑了——原来路边有这样美丽的景色，为什么我以前没有看到？莫非是蜗牛在带着我散步？

人发现，这是一次非常不错的散步经验啊！回到出发地后，上帝又出现了。上帝问人："这次散步感觉如何？"人说："刚开始我走在蜗牛的前面，感觉好累！后来我就陪在它的身边走，觉得轻松愉快多了。"上帝说："对啊！我是叫你陪蜗牛散步，不是叫你带蜗牛散步。"

（张笑恒，《白岩松的人生哲学》，有删改。）

带蜗牛散步，如果脱离了蜗牛的实际，注定是一场痛苦又失败的散步；如果陪蜗牛散步，回归了蜗牛的本真，才是一场愉快又幸福的旅行。

蜗牛恰似上帝派给父母的孩子，父母在养育孩子的过程中，不要试图拖扯着他奔跑。现实中，多少次，父母逼迫刚放下小提琴的孩子马上拿起画笔；多少次，父母要求孩子诵读唐诗宋词，无视孩子想自由玩耍的眼神；多少次，父母责备和埋怨孩子识字的数量比不上邻居的孩子，无视孩子的爱好等。

父母一味催促孩子——"快点，再快点""孩子，快快长大""孩子，不能输在起跑线上"，对速度的崇拜和对效率的迷恋，带来的是家庭教育的浮躁和功利，让孩子丧失了细细品味成长过程的心境，辜负了一路上的花香、鸟鸣和露珠。

父母要有陪蜗牛散步的心态，当放慢脚步、放松心情的时候，或许父母会和孩子一起，遇见辽阔的美丽风景。

给予孩子的挫折教育要有强度

这里的强度，是指父母要让孩子，经历沮丧、失意或紧张，学会吃苦，接受磨炼。

在家庭教育中，父母要让孩子正确地认识学习生活中遇到的挫折，并进行挫折教育；要让孩子从大人的臂弯下走出来，去面对和承受挫折。

在家庭教育中，父母要给孩子宝贵的磨炼机会。只有经得起考验的孩子，才能算是真正的强者。父母对孩子的某些行为要严格认真地对待，不允许的事，要管就要管到底。父母要懂得"爱在深秋才是真"。

◆挫折教育，孩子不可或缺的一课

孩子在成长中遇到挫折在所难免。父母要让孩子正确认识学习和生活中遇到的挫折，并对孩子进行挫折教育，提高孩子应付挫折的能力，这是做父母的有远见的具体表现。

有对夫妻得子不易，因而宠爱有加，使孩子养成了任性的坏脾气，让父母很是焦虑。

孩子6岁那年，上了小学，顽皮的他走路总是东张西望，不是弄湿了鞋子，就是弄脏了裤子。

一天，孩子的父亲带着一把铁锹去儿子上学必经的田埂上，在上面断断续续地挖了几十道缺口，然后用棍棒搭成一座座小桥，只有小心走上去才能通过。

那天放学，孩子走在田埂上，看面前一下子多出了这么多的小桥，很是诧异。四顾无人，哭是没有用的。最终他选择了走过去。当他背着书包晃晃悠悠地通过小桥时，他第一次没有哭鼻子。

吃饭时，孩子跟爸爸讲述了今天的经历，脸上露出得意的表情。父亲坐在一旁，夸他勇敢。以后，他上学的路上再也没出过事情。

妻子对丈夫的行为有些不解，丈夫解释道："平坦的道上，他左顾右盼，当然走不好路；坎坷的路途，他的双眼必须紧盯着路，因而走得稳健。"

（张洪彬，《感悟人生 回味无穷的99个感动》，有删改。）

故事中的儿子就是后来赫赫有名的"经营之神"松下幸之助。他的父亲松下三郎在他9岁那年因病去世，松下幸之助的父亲在去世前一再叮嘱松下幸之助的母亲："在孩子成长的路上，一定要设置一些障碍，如果一味地给他提供顺境，让其不经过努力就能够收获成功，待长大后，一旦遭遇挫折，他们必然会经受不住打击，而产生种种令人意想不到的后果。"不得不说这是位有远见的父亲。

很多成功人士或多或少的都经受过磨难。屈原被放逐而写出了流芳百世的《离骚》；司马迁遭"宫刑"而撰写了中国第一部纪传体通史《史记》；曹雪芹家道中落而著《红楼梦》。正所谓，自古英雄多磨难，苦难造就人才。

面对挫折，不同的孩子会有不同的态度，有的孩子会退缩，有的孩子则勇往直前。这种差异往往与孩子的精神状态、生活经验、心理准备和对挫折本身的认知相关。对于一遇困难就退缩的孩子，究其原因有以下几种。

1.生性懦弱。这类孩子在遭受挫折时，由于意志薄弱，看问题、做事情总是从对自身不利的角度考虑，往往容易产生焦虑、自卑的情绪，对自己丧失信心。

2.娇生惯养。这类孩子从小被父母一味赞扬，生活上包办代替一切，受到过多保护，有坐享其成的习惯，稍不称心就发脾气或畏缩逃避，且听不得批评。

3.期望不当。这类孩子的父母要求高，孩子遭受的失败和责备多，成功的体验少，经受的压力大，这样的孩子做事往往有始无终，稍遇挫折就放弃。

所以，父母要明白，一棵小树苗，若不经历风吹雨打，是不可能长成参天大树的。培养孩子的挫折意识，在生活中锻炼孩子正确地面对挫折是十分必要的。

那么，在家庭教育中，父母应该怎样对孩子进行挫折教育呢？

1.父母要正确评价自己的孩子，引导孩子正确认识、评价自己。父母对孩子的评价过高或过低，都会阻碍孩子对自己进行客观的评价。只有从孩子的实际出发，对孩子抱有合理的期望，引导孩子对自己进行正确的认识和评价，这样，孩子才会客观、冷静地面对生活、学习中的失败和挫折，并经受住考验。

2.父母要把挫折教育贯穿于孩子生活、学习的全过程中。父母一定要让孩子做家务，不能代替孩子完成自己能够完成的事情，不要害怕孩子做不来事或者做不好事，应放手大胆地让孩子去做力所能及的事，要允许孩子失败。只有这样，孩子才能对生活中的问题和困难有体验和认识，学会如何面对挫折，克服困难。

3.父母要有意识地创设情景，让孩子得到各方面的锻炼。父母要有目的、有计划地设置各种让孩子经受挫折的情景，可以是让孩子参与各种活动，也可以是完成生活中系鞋带、叠被子、收玩具等小事情，让孩子在活动和生活中体验，不会的事学着做，让孩子得到磨炼，进而克服困难、战胜挫折。

4.父母要因人制宜地向孩子提出切实可行的要求，培养孩子的自信心。父母要在了解自己孩子的基础上，根据孩子的个性特点、能力水平提出适度的要求，设置一些经过孩子努力能够克服的困难，使孩子在面对挫折、克服困难中不断前行。就是在平常的生活中，也要让孩子做力所能及的事，通过做事让孩子找到存在感，或体验成功的喜悦，进而获得自信心。

5.父母要培养孩子战胜挫折的信心、耐心，培养孩子坚韧不拔的精神。当孩子面对挫折时，父母不能观望或责备，而要承担起教育的责任，积极培养孩子面对艰苦和战胜困难的勇气，要流露出对孩子的关心，应以乐观的情绪感染孩子，给孩子支持和力量。必要时要给予孩子一定的帮助,增强孩子做事的信心,同时,要让孩子懂得战胜挫折不是一时的热情,而是需要学会忍耐,有不放弃的精神。

6.父母要教会孩子保持健康的心理状态,教会孩子面对挫折的方法。父母要明白,有些挫折是孩子无法通过个人的主观努力来阻挡、回避的,必须去面对。这就需要父母和孩子一起分析与挫折有关的要素,教会孩子战胜挫折的方法,合理运用自我心理防卫机制,让孩子正确认识自己、评价自己,及时调整目标,学会调节自己的心态,积累体验。

7.父母要帮助孩子认识到挫折总是暂时的,结局是可以改变的。孩子经历的事情不多,缺乏生活经验,遇到不能逾越的挫折,认为一切都完了,如果这种消极情绪长期持续下去,一次次失败就会影响孩子的自信心。美国明尼苏达大学儿童发展学院的心理学教授梅斯坦博士指出:当孩子遇到一些挫折时,应该告诉孩子困难和挫折都会过去。这一点也许对成人来说算不了什么,但对孩子来说却非常重要。

总之,适度对孩子进行挫折教育,是孩子健康成长中不可或缺的一课。父母只有让孩子从大人的臂弯下走出来,让孩子勇敢地面对挫折、承受挫折,孩子才可能成为生活中的强者。

◆要教育孩子学会吃苦

从孩子的成长规律看,儿童和少年时期是孩子成长的基础阶段,这个阶段的思想、习惯、品质等会影响孩子的终生,所以,父母有意识地对孩子开展吃苦教育非常重要,也有必要。教育家苏霍姆林斯基曾说过:让孩子动手,亲自参加实践,吃点苦,受点累,不但可以探究知识奥秘,培养创造能力,而且有利于坚强意志和吃苦耐劳精神的形成。

在父母的过度保护和关爱之下成长的孩子,承受能力差,没有面对困难的勇气,经受不起风吹雨打,一遇到困难就只会退缩。据观察发现,孩子不愿吃苦,拒绝吃苦,并非是孩子的过错,往往是父母没有重视从小培养孩子自立能力和吃苦精神的结果。

如果一切事情都由父母代劳，孩子得到的知识和经验少，吃苦少，那么将来很可能会吃更多苦。父母不可能永远伴随在孩子身旁，孩子的一辈子也不可能都有父母的照顾。王永庆曾以吃苦来解说为什么富不过三代，值得父母一读。

第一代，脚踏实地，吃苦耐劳，克服一切困难，最后成功了。

第二代，多少受第一代言行的影响，还知道吃苦用功，但其努力程度已比第一代差多了。

第三代，不但没吃过苦，甚至见也没见过，自然而然就松懈下来了。

人一旦养尊处优，松懈下来，久而久之就成为温室里的花朵，不能抵挡任何风吹雨打，离败亡也就不远了，所以说，富不过三代。

在如何进行吃苦教育这一点上，有的父母认为应该从平时生活的点点滴滴开始进行吃苦教育；有的父母认为应该把孩子送去参加专门的吃苦训练营；有的父母认为学习就是吃苦教育，没有必要专门进行吃苦训练；也有相当一部分父母表示出了迷茫。

那么，如何教育孩子学会吃苦，作为父母要注意以下几个问题。

1.让孩子学会吃苦，就是要让孩子多做一些自己应该做的事情。孩子通过亲自做事，不仅能够学到知识，体验做事的过程，还能够感受生活的艰辛，这对于孩子的成长是大有好处的。

2.让孩子学会吃苦，必须遵循人的成长规律和教育规律。吃苦教育要有意义，在吃苦的同时，体验情感，感受到美好并难以忘怀。

3.让孩子学会吃苦，是爱孩子的另一种表现。吃苦教育与无条件的爱并不矛盾，只是从不同方面满足孩子成长的需求。吃苦教育就是本着爱的思考进行的。

4.让孩子学会吃苦，要讲究科学适度。父母应该尊重孩子的意愿而不是强迫命令，要发挥自身的榜样作用而不是“光说不练”，最重要的是持之以恒。还有，就是有危险的事情不应该叫孩子去做，不适合孩子做的事情也不应该叫孩子做。

父母在让孩子吃苦时，往往心中不忍，容易半途而废，那么怎样才能狠下心来，让孩子吃点苦呢？

1.父母要对让孩子吃苦有充分的认识。父母要认识到其中的意义，克服自身的心理障碍。面对孩子的抵触心理、撒娇、恳求和耍赖时，父母要有心理准备，不能半途而废。

2.父母要正视对孩子的吃苦教育。让孩子吃苦，最终目的是为了让孩子懂得珍惜幸福，为了让孩子拥有坚强的意志和高尚的情操，为了让孩子将来能够更好地适应社会。

3.父母要培养孩子吃苦耐劳的精神。让孩子吃苦，显然不是让孩子为了吃苦而吃苦，而是有意识地培养孩子学会热爱劳动，具有吃苦耐劳的精神。

总之，父母如果真的希望孩子健康成长，将来具有适应社会的关键能力和素养，就应当补上吃苦这一课。正如孟子说："故天将降大任于斯人也，必先苦其心志，劳其筋骨，饿其体肤。"

◆要磨炼孩子的意志

在现实的家庭教育中，有的父母认为，如今条件好多了，无论如何不能让孩子吃苦受累了；有的父母把孩子当成掌上明珠，捧在手心里，特别宠爱孩子；有的父母尽其所能从各方面满足孩子的需求，包括一些不必要的，甚至是无理的要求；有的父母代替孩子完成一些应由孩子自己完成的事情。这样，孩子在成长中就失去了磨炼意志的机会，然而从小经历磨炼、经历苦难，培养坚强意志对于孩子来说是多么重要，会让孩子在将来的社会生活和工作中受益无穷。

他是个大学生，每逢放假，他都得赶到他父亲开设的工厂去上班。他用打工的工资去偿还父母为他垫付的学费和伙食开支。在工厂里他跟其他工人一样排队打卡上下班，月底就凭车间给他评定的质量分和完成工作的情况结算工资。有一次，他因公交车晚点而迟到了两分钟，那月的奖金就被扣除了一半。

当他终于熬到大学毕业，认为自己可以接管父亲的公司时，父亲不但不让他接管公司，反而对他更加苛刻。他想不明白，父亲是一家公司的董事长，他家并不缺钱花，还经常捐钱给福利院，可就是舍不得多给他一分钱，就连生活费也得定期向父亲索要。他终于被父亲逼出了家门，他觉得自己肯定不是父亲的亲生儿子，要不然怎么会这样对待他呢？他想反正自己跟父亲已经没关系，不如去外面另谋生路。

他想去银行贷款做生意，可父亲坚决不给他担保。没有担保人，他就没有办法向银行贷到一分钱。于是他只得去给别人打工，因为复杂的人际关系，他被人挤出了小公司。失业后，他用打工积累的一点资金开了家小店。小店的生意不错，他又开了家小公司。小公司慢慢地变成了大公司。

令他万分痛心的是，公司因为经营管理不善倒闭了。他想过跳楼，但他实在不甘心就这样离开人世。他认真地思索了自己的过去，思索父亲为什么对自己这么冷酷，思索自己打工和经商为什么屡遭惨败，他总结了自己失败的教训。他没有灰心丧气，决定咬紧牙关、挺起胸膛从头再来。就在他振作精神准备再干一番的时候，他的父亲出人意料地找到了他，张开双臂紧紧地拥抱了他，并决定让他来接管自己的公司。

对于父亲的决定他非常不解，他说：“我现在是个一无所有甚至是个失败的人，你为什么还要我接管你的公司呢？”父亲说：“不，孩子，你虽然跟几年前一样，依然没有钱，但你有了一段可贵的经历，这段经历对你来说是一场艰苦的磨炼，它是可贵的。如果我前几年就将公司交给你，你很难把公司管理好，可能迟早会失去公司，最终变得一无所有。可是现在你拥有了这段经历，你会珍惜它，会把公司管好，会让它不断发展壮大。孩子，无论干什么事情，不经受一番磨炼是干不好的。”

果然，他不负父亲的期望，将规模不大的公司发展成了一家令全球瞩目的大公司。他就是伯克希尔公司的总裁，有着“美国股神”称号的沃伦·巴菲特。他的资产仅次于比尔·盖次，他的父亲叫霍华德·巴菲特。

（沈岳明，《倾斜翅膀的飞翔》，有删改。）

不是说一个人不经历苦难、不经历磨炼就一定不能成功、成材，而是说经历了苦难、经历了磨炼至少使人积累了经验，增强了毅力，从而更让人热爱和珍惜自己的事业和生活，更懂得如何做人与处世，更懂得如何做好、做大、做强自己的事业。所以说，让孩子适度经历一些苦难和磨炼不是坏事。

那么，父母在家庭教育中该如何磨炼孩子的意志呢？

1.父母磨炼孩子的意志，要引导孩子从小事做起。父母要引导孩子从小事做起，持之以恒，这是磨练孩子意志的好方法。著名文学家高尔基说："哪怕对自己的一点小小克制，也会使人变得强有力。"

2.父母磨炼孩子的意志，要帮助孩子从认识自己意志品质的水平开始。父母要引导孩子做一些具有一定难度的劳动、体育活动，比如远足、爬山、跑步、游泳等。

3.父母磨炼孩子的意志，要引导孩子以良好的心态对待成功与失败。父母要帮助孩子学会客观分析成功或失败的原因，同时，教育孩子成功时不骄傲，要再接再厉；失败时不气馁，依旧勇往直前。

4.父母磨炼孩子的意志，要给孩子制造经受挫折的机会。父母不要害怕孩子经受挫折，而要有意识地让孩子有受挫折的体验，学会克服困难的方法，对自己的未来充满信心。

总之，让孩子吃苦受难不是故意害孩子，而是希望孩子能从中收获体验、思考、方法，使其身体、智力、能力都得到锻炼，意志品质得到考验。只有经得起环境考验的孩子，才能算是真正的强者。"自古英雄多磨难，从来纨绔少伟男。"

◆爱在深秋才是真

父母对孩子的某些行为要严格认真地对待，不允许的事，要管就要管到底。父母要懂得"爱在深秋才是真"。

据说，幼鹰出生不久，母鹰就开始带着它进行短距离、低高度的试飞。幼鹰要经过成百上千次这样的训练，否则，就不能获得母鹰的食物。在此基础上，母鹰把幼鹰带到树梢和悬崖上，然后把它们摔下去，有的幼鹰由于基本功不扎实,就变成了这个环节的牺牲品。那些被母鹰摔下悬崖而能顺利飞上来的幼鹰将面对着更加严峻的考验:母鹰折断它们正在生长的翅膀上的大部分骨骼,然后再将他们从高处摔下。

曾有猎人出于怜悯,把一些尚不能飞翔的幼鹰带回家喂养。结果这些鹰,长大后最多只能飞到房梁便要落下来。

其实,母鹰深知,如果不这样训练,幼鹰就永远与蓝天无缘了,并且因为捕不到食物而无法生存。不言而喻,母鹰的“残忍”为幼鹰构筑了一道坚强的生命彩虹!

(李琼珍,《宛若古茶花绽放》,有删改。)

这个故事说明,教育仅有爱心是不够的,有时也需要鹰式的“狠心”。

父母要严格认真地对待孩子,对孩子的不良习惯要一管到底,绝决不半途而废。即使孩子已经被宠坏了,已形成许多不良习惯,父母也要严格要求,并且深信能够取得效果。千万不可在孩子和众人面前流露出拿孩子没有办法、无可奈何的沮丧情绪来,更不能说半句泄气的、消极的话。只要有一种“爱你没商量”和“爱在深秋才是真”的决心和勇气,就一定会改变孩子的不良习惯。

父母要遵循教育的规律,坚持对孩子正确的要求,孩子最终会快乐地服从和改变。面对孩子的不正当要求,要坚持原有的协议。比如,讲好玩一个小时手机游戏,时间到了,孩子还想玩,吵着不肯放下,父母要坚决不允许。如果父母无可奈何地迁就,拿孩子没办法,久而久之,孩子就会把父母的话当耳旁风。

那么,父母如何做好对孩子既有爱又有严格的教育呢?

1.父母在对孩子进行教训时,应特别用心,要根据孩子的年龄和心理承受力,严肃的程度要恰到好处,有时也可表现得很伤心。

2.父母对孩子的教育态度要绝对一致,配合默契,切勿当面袒护孩子。

3.父母要充分运用表情的力量,教育孩子时话不要太多,切忌打骂、侮辱、讽刺、挖苦,也决不说泄气话,表情应是严肃认真的,必要时可适度地表现出愤怒。

4.父母不要怕孩子哭闹,孩子哭闹时父母要表现不在意,专心做自己的事,走开最好,有时要给孩子下台阶的机会。

5.父母对孩子的教育要一致,要懂得教育的艺术,一个态度硬一点,一个态度软一些。许多时候,父母中总要有一人认真而又有耐心地关爱孩子,鼓励孩子改正错误。

6.父母要有教育孩子的定力,在亲子之间发生一次教育碰撞后,在之后几天内家庭亲情关系要保持相对沉默,对孩子态度较为冷淡,切不可敲打以后短时间内就嬉笑亲热,那样会前功尽弃,孩子就不当回事了。

总之,家庭教育不仅有关爱,还要有严格管理。在严格管理时,要特别注重对孩子心灵的把握,多交流心事,构建起信任,做到心有灵犀,而不只是重讲道理,提许多要求。

满足孩子的要求要有限度

这里的限度，是指父母对孩子提出的要求要有所限制，不能够一味地满足。

在家庭教育中，父母不能事事顺着孩子，对孩子的无理要求要懂得拒绝。巧妙地拒绝孩子不但不会伤害孩子的自尊心，反而会提升父母在孩子心中的威信。要引导孩子正确看待攀比，不要掉进攀比的陷阱。要教会孩子比学习、比劳动、比品德。

在家庭教育中，"富养"要有度，不要一味放任孩子大手大脚，奢侈浪费。也不要迷信物质奖励的作用。美国儿童教育心理学家克劳蒂娅说过："如果用这种办法奖励孩子，并不能使他们具有真正生活的能力，也不能建立他们的责任感。"

◆拒绝孩子的无理要求

父母懂得适当拒绝孩子，对孩子的健康成长大有裨益。拒绝孩子的无理要求，既可以让孩子经受失望和痛苦，培养孩子的受挫能力，也可以制止孩子的不良行为。巧妙地拒绝孩子不会伤害孩子的自尊心，不会使孩子对父母产生怨恨，反而会提升父母在孩子心中的威信，同时，也能使孩子懂得更多做人做事的道理。反之则不然。

8岁的小刚放学回家后，对妈妈说："妈妈，我要去楼下买奶茶喝。"

小刚妈回答说："不可以，马上就要吃晚餐了。"

小刚不放弃地缠着妈妈："妈妈！给我五元钱嘛！"

小刚妈再度摇摇头。

小刚抬高音调："我太饿了，我想吃点嘛！"

僵持几分钟之后，最后小刚妈投降了，边给小刚钱，边说："好吧！快去快回。"

小刚妈没想到这次答应儿子的要求会产生什么不良后果，但儿子却从这次经验中学到：当大人拒绝自己的要求时，只要不停地纠缠，就一定会得到自己想要的东西。父母以为无所谓的小事，岂不知，会导致孩子的任性、执拗等不良性格的形成。

那么，父母怎样做才能拒绝孩子的无理要求呢？

1.父母要与孩子事先订好规矩。没有规矩不成方圆，好习惯来自于持之以恒的约束。父母与孩子一起制订各种规矩，既是对孩子的尊重，也能使孩子更好地了解父母的想法，孩子做起来就更主动，也会更符合父母的要求。当孩子向父母提出要求而父母又找不到理由拒绝时，通常是因为父母没有事先向孩子订好规矩，没有清楚地表明坚定的原则与态度，或轻易地答应孩子的不当要求，这样就会导致孩子变得任性。其实，只要与孩子事先订好规矩，就有理由拒绝孩子的无理要求，就能压制住孩子的不正确想法。另外，制订的规矩应尽可能具体，要有可操作性，以便于实施和监督。

2.父母要注意转移孩子的兴趣爱好。有的孩子不停做某些烦人的事，其原因是孩子不知道还有别的事情可做。当孩子沉迷于一种不好的行为时，父母除了给孩子语言的告诫外，更要想方设法转移孩子的兴趣，用有意义的行为取代。父母可以给孩子提供多种选择，让孩子感觉自己是被尊重的。比如，当孩子沉迷于游戏时，可以让孩子和父母一起去超市买菜，或者一起去做体育活动。

3.父母要心平气和地对孩子说"不"。当孩子无理取闹时，父母要心平气和地表达心情，耐心地对待孩子的要求。这样，孩子会从父母的语言态度中了解到，父母的态度是诚恳而坚定的，任何无理取闹都是没有用的。还有，对孩子提出的无礼要求，父母的态度要一致，不要让孩子觉得有空子可钻。对父母来说，最难的就是将态度坚持到底。

4.父母要向孩子耐心地说清楚拒绝的理由。父母拒绝孩子的要求，必须做到适度，目的是要让孩子明白，并不是任何要求都能得到满足。决定拒绝孩子时，切勿为了拒绝而拒绝，让孩子不明白被拒绝的原因。

父母一边拒绝一边要讲清楚拒绝的理由。理由要具有说服力，能让孩子信服，还要有真诚的态度，让孩子能够理解和有谅解父母的想法。

◆富养，不是满足一切

父母用“金钱”给予孩子“富养”，其实就是娇惯孩子。如果一个孩子从小过惯了舒服日子，对物质的要求可能会越来越高，胃口越来越大，就会养成大手大脚花钱的坏习惯，这对孩子思想、情感的培养和将来的生活都没有任何益处，反而有害处。这样的家庭教育，很可能让孩子认为父母满足自己的一切是理所当然的。

据观察，现实中的许多父母在满足孩子的物质要求的同时，也是对自己盲目攀比的满足，或者是补偿心理作祟。也有父母认为再难也不能难了孩子，只要孩子提出要求，父母就一定竭尽所能去满足。事实上，物质上的富足未必能让孩子获得真正的幸福，物质富有而精神贫乏的孩子是不幸的。

一位非常有钱的父亲带着全家来到乡下，住在一个最穷的家庭。

回城后，父亲问儿子：“这次旅行感觉怎么样？”“非常好！”儿子高兴地回答。

“那你现在该知道穷人的生活是什么样了吧？”父亲又问。“是的。”儿子爽快地回答。

“那你说说看，看见什么了？”父亲再问。“我们家只有一条狗，而他们家却有四条狗；我们家花园中央只有一个游泳池，而他们家却有一条没有尽头的小溪；我们家花园里有许多照明的路灯，而他们家却拥有满天的繁星；我们家的院子虽然很大，而他们家的院子却一直延伸到地平线上。”儿子说完后，父亲变得沉默无语。

最后，儿子又补充说：“谢谢您，爸爸，您让我明白了我们是多么贫穷。”

（卢勤，有删改。）

这个故事告诉父母，贫乏与富有的差异并不在于那些身外之物，而是取决于自己的内心。拥有美好的心灵，才能看到美好的世界。孩子的幸福和快乐与金钱不是正比例的关系,钱多未必幸福就多。简单的物质生活是孩子的必然需求,丰富的精神生活是孩子的必要需求,两者组成了孩子成长的天平,向任何一边倾斜,就会使孩子的生活失去平衡。因此,让孩子感受到被关爱、被信任、被尊重和被理解是很重要的。父母不应该只关心孩子的物质生活,还需要关心他们在看什么,想什么。

一位家庭殷实的先生有三个孩子。

比起同龄人,三个孩子玩的东西丰富得多,家里有非常多的电子游戏机、玩具等,很多都是国外最新出的。但是这些东西买回来,先生会控制孩子玩的时间,并且告诉孩子们:你们之所以可以玩最新的玩具,是因为父母辛苦地赚钱,并且疼你,才会给你买。

孩子们需要的东西,书本、学习用品什么的,只要是合理的要求,都会满足。还用孩子们的名字,给每人开了一个银行户头,怎么用钱,大人不干涉。

如果有孩子提出买某样东西的要求合理,会给孩子买;如果理由不充分,但是孩子最近某个地方表现很好,值得奖励的话,也会买,作为一个奖品送给他;如果实在没有什么理由,那就会拒绝,或者告诉孩子用自己的存款来买。

先生说,最希望孩子将来能成为一个堂堂正正的有用的人,能够受人尊敬,至于学历什么的,并不是最重要。

(南京晨报,有删改)

良好的教育无法用金钱堆积,靠的是心灵灌输。爱孩子不是一味满足其所有的要求,对孩子的关爱程度不能用金钱来衡量,只有在金钱上严格控制,才能不让孩子耽于物质享受。若真爱自己的孩子,就不妨在金钱上对孩子吝啬一些,看重孩子生命的尊严,把创造的权利还给孩子。成功的父母一定会让孩子流汗、流泪,甚至流血,让孩子在无人撑伞的雨中奋力奔跑,让孩子未来不在有父母搀扶情况下也能独自行走。

总之,"富养"孩子也不是要什么就给买什么,凡事都要有度。孩子真正需要的是父母的关爱,是父母能抽出一些时间来陪伴,是一个和谐健康的家庭氛围。

◆引导孩子学会正确的比较

人生活在群体当中，将自己与周围的人做比较是正常现象，尤其是孩子。有的孩子看到别人拥有的东西，不能冷静地分析，也想同样拥有；有的孩子为了满足自己的虚荣心，总想自己拥有的比别人多；有的孩子担心被周围的人排斥，害怕被孤立，所以在吃、穿、玩方面喜欢与周围的孩子看齐。正是这种迷茫的心理，让孩子更容易和别人攀比。

父母要关注孩子的攀比心理，并加以正确的引导。只有正确引导孩子理解和看待人与人的差别，才不至于掉进攀比的陷阱。如果父母不给以正确引导，孩子一旦有过度攀比心理，就会影响甚至伤害自己、家人、同伴、同学，最终可能扭曲孩子的心灵。

本来追求高品质的物质生活并没有错，但是，如果把物质看得比学习和品格还重要，就会迷失自我。在经济不富有的家庭，如果孩子虚荣心作怪，和别人攀比，就会使家庭陷入经济拮据状态，加重父母负担，扰乱正常生活，进而使家庭失去温馨。同伴、同学之间的关系是用真诚的友谊连结的，真诚的友谊是无价的，如果掺杂了“金钱”成分，友谊就会变质，交友更会变为交易。

希望获得幸福是正确的，可幸福并不是金钱和地位，而是一种内心的感觉，一种经过努力奋斗获得快乐的享受。如果孩子并没有真正的本领，没有吃苦耐劳的精神创造财富，孩子只是用父母的钱来满足自己的虚荣心，那么孩子得到的幸福是有限的，收获的快乐是暂时的，绝不会真正、长久拥有幸福。

父母千万不能无限度地满足孩子在物质上的要求，要什么给什么是造成孩子攀比的原因。孩子攀比，说明其内心有强烈的竞争意识和不甘落后的心理。父母可以引导孩子把注意力转移到学习和有益的爱好上来，激发孩子的上进心和自信心。建议父母做好以下几点。

1.父母要掌握好孩子的物质需求与大环境的平衡。现实生活中，往往是孩子得到的物质比他们需要的正常生活标准要多，才会使孩子将这些富余的物质转化成炫耀。所以，父母在控制孩子攀比时，要十分注意

"度"的把握。既不要过于遏制适当的物质需求,也不要无限满足孩子的物质要求。

2.父母要引导好攀比,"以攀比制攀比"。孩子攀比无非是别人拥有的,自己也要有。父母要抓住孩子这种心理,防止孩子攀比吃穿、消费的倾向,告诉孩子好的吃穿背后是努力,只有通过自己的辛苦努力,才具有去实现攀比的条件,进而引导孩子在本领才能、道德品质、态度习惯等方面进行比较。

3.父母要通过教育纠正孩子的攀比心理。父母要给孩子讲些道理,告诉孩子不是每个人都可以拥有别人所有的东西,每个人生活的环境是不同的,所获得的东西、所具备的能力也不是相同的,有些东西可以攀比,有些东西不能攀比。如果一味地攀比受伤的只能是自己。

4.父母要关注孩子的内心世界,提高孩子的自信心。造成孩子爱攀比的原因之一就是孩子缺乏自信心,想通过一些吸引眼球的东西来修饰、帮助、提升自己,以增强自己的自信。可能是性格敏感,过于注意自己的形象;也有可能是受到了来自同学的嘲笑,不想被比下去等心理。所以,父母应该更加注重孩子的心理健康,在满足物质需求的同时,提高孩子的自信心。

5.父母要引导孩子正确地理解和看待攀比。父母要教育孩子懂得,每个孩子都有自己独有的生活环境和优势,不能简单地羡慕别人。当自家孩子与别人攀比时,可以让孩子拿自家拥有的,而别人没有的东西出来比一比。特别要注意比较的不应该只是物质的东西,而应该比精神的东西,这样既有利于满足孩子的比较心理,也有利于引导孩子追求精神满足。

◆不要迷信于物质奖励

现代社会物质越来越丰富,人们也变得越来越功利,孩子耳濡目染受到了很多不良影响,喜欢在物质需要上与父母讨价还价。为此,父母要正确认识和做好对孩子的物质奖励。

对孩子进行适度的物质奖励是可以的,但要以精神奖励为主,物质奖励为辅,特别不能放大物质奖励的作用,无限度满足孩子的物质欲望,如果长期这样下去,会使孩子对物质的欲望越来越强烈,影响孩子的健康成长。观察发现,父母如果提供外部的物质奖励,反而会减少这项活动对孩子的吸引力。同时,父母越是给予物质奖励,孩子的表现往往越是会令父母失望。

因此,在具体的家庭教育中,父母只有充分意识到物质奖励的负作用,才能减少用物质奖励孩子。

1.父母用物质奖励会让孩子感受亲子之间是在交易,使孩子缺乏感恩意识。在长期的物质鼓励下,孩子会认为自己是为父母学习或做事,而父母满足自己的要求也是理所应当的,孩子也就不会对父母有感恩的心理。所以,父母不要让这种物质化奖励变成交易,那样的话对于孩子而言将会变得冷酷无情、急功近利,没有情意可言了。

2.父母用物质奖励会让孩子的欲望膨胀,不利于其人格和正确价值观的形成。父母用物质奖励孩子,容易滋生孩子对物质要求的不断膨胀变得欲壑难填。其实教育孩子并不需要靠这种"赏赐""贿赂",不是靠物质奖励交换得来,孩子的良好思想行为应该来自美好的意愿和对家庭的归属感、认同感、责任感。

3.父母用物质奖励一旦不能按时兑现,就会影响亲子信任。如果父母在物质允诺中,未能按时实现诺言,孩子就会认为父母说话不算话,导致父母与孩子之间的信任度降低或失去信任度,给今后的家庭教育带来负面的影响。所以,物质奖励绝不能变成交易,许诺奖励只能是一种方式,但并不是激励孩子学习的唯一方式。作为父母一定要把握好物质奖励的尺度和底线,要把奖励变成对孩子的一种关爱和关怀,让孩子在持久的期盼中得到自我满足。

在现实的家庭教育中,既然父母不能迷信物质奖励的教育作用,那么,怎么奖励才能起到积极的作用呢?

1.父母应该用精神奖励代替物质奖励。物质奖励对孩子的激励作用是有限的,当孩子得到它,努力的欲望自然也就减弱或消失了,需要新的和更大的物质刺激才能再次激起他努力的欲望,而精神奖励会进入孩子的潜意识，一生都激励着孩子，所以，最好用永久效果的精神奖励代替短暂效果的物质奖励。

2. 父母应该明确责任，增强孩子的内在动力。明确告诉孩子，父母有抚养和教育孩子的责任和义务，要尽力为孩子提供一个良好的学习环境，但是孩子也应该有自己的任务，需要独自去完成。一般说来，父母要让孩子明白读书学习是一种责任，进而让孩子意识到学习是自己的事。

3. 父母应该更多地奖励孩子的行为过程而不是结果。父母奖励孩子，要注意奖励好的行为过程，而不是奖励某种结果。要了解孩子的需求，奖什么，不应该由父母说了算，要与孩子商量，用孩子喜欢的方式来取代物质奖励。

让孩子的视野有广度

这里的广度,是指父母要让孩子视野开阔、见多识广、兴趣广泛。

在家庭教育中,父母要明白孩子的眼界,影响孩子的境界,决定孩子未来的世界。要引导孩子通过多读书来拓展知识面;要引导孩子通过多与人交流来增长孩子的见识和经验;要引导孩子培养自己的良好爱好和兴趣。

在家庭教育中,父母要带领孩子多出去走走,多旅游、多参观,拓宽孩子的视野,丰富孩子的生活。一个孩子的视野和见识广度,决定其做人做事的态度,决定其对知识提炼和获取的效度,决定其看待问题和思考人生的深度。

◆开拓孩子的眼界,增长孩子的见识

家庭教育一定要重视开拓孩子的眼界,增长孩子的见识,扩大孩子的知识面,给孩子的自我发展提供广阔的空间。

只有见多识广,才能做到耳聪目明。孩子的眼界,影响孩子的境界,决定孩子未来的世界。父母要注意给孩子提供多听、多看、多感悟的机会,要多与孩子互动,随时随地丰富孩子的见识,扩大孩子的眼界。阿基米德说:多看,多听,多接触,你就会成为智者。

教育的关键在于唤起孩子的求知欲。孩子求知欲的最初表现就是提出各种各样的问题。对孩子问题给以及时、耐心和合理的解答,这样才能鼓励孩子求知的积极性。如果孩子的问题父母也不能回答,可以带着孩子一起上图书馆查找答案,或者向懂行的人请教,让孩子一起参与对问题的探索和解决过程,会给孩子留下更深刻的影响。当然,有的时候孩子的问题可能父母也无法解决,可以和孩子一起探索比较合理的结论,或者告诉孩子这个问题现在无法解决,等孩子长大了,学习了更多的知识以后再来解决它。但千万要注意的是不要欺骗或者糊弄孩子。对孩子提出的问题应该采取认真的态度,尽量帮助孩子找到正确的答案,不要敷衍和误导孩子。

在具体的家庭教育中,建议父母做好以下几点。

1.父母要尽可能每年带孩子到外地旅游一次。小学到初中,孩子的认知能力逐步提高,是情商开始发展的较好时期。父母要把孩子带出家门,让孩子在外面的世界里增长知识和阅历,在大自然丰富多彩的环境里丰富孩子的见闻。在旅游中,孩子会认识很多旅伴,有的会成为好朋友,孩子在和陌生人的交往中,可以发展自己的社交能力和完善礼貌修养,提高孩子的情商。旅行可以锻炼孩子的应变能力和抗挫折能力,能欣赏到外地美丽的景色和各种风土人情,提高孩子的适应能力,开拓孩子的眼界,愉悦孩子的心情。

2.父母要让孩子多参加一些集体活动。不论是学校组织的,还是社区内的义务活动、体育活动、文化活动、青少年团体活动等等,都要鼓励孩子积极去参加。经常参加一些这样的活动好处很多,能让孩子理解守纪律、自制的重要性,能培养孩子关心别人、维护集体荣誉的责任感,能发展孩子的观察力、注意力和动手能力,能给孩子们提供相互切磋,提高认知的宝贵机会。

3.父母要尽可能多陪孩子一起上网。互联网的普及拉近了世界各国之间的距离,因此父母可以定期抽出时间,与孩子一同上网,可以及时了解时事新闻,了解各国的风土人情,获取各种最新的知识和信息,开阔孩子的视野。

4.父母要尽可能和孩子一起看新闻。孩子的见识度一般和孩子掌握的信息量有很大关联。父母要帮助扩大孩子的信息量,增加孩子的见识度。要增加孩子获取信息的途径,同时要教会孩子分辨信息的可信度和可用度。只要坚持下来，久而久之，孩子的见识增加了，视野开阔了，孩子会养成聚焦正能量的能力和习惯，孩子看待问题会更全面、更客观，表达能力也会更强。

5.父母要和孩子一起看书读报。书籍、报刊都能帮助孩子开阔视野，丰富各方面的知识，激发想象力和创造力，提高表达能力和写作水平。孩子自小爱上读书，能够锻炼他们的自学能力，将来能更好地适应学校教育和社会环境。父母要以身作则引导孩子读书，当孩子看见父母喜欢读书看报后，往往会模仿。如果父母读得津津有味，这对孩子来说更有吸引力。父母要引导孩子读一些世界名著，世界名著的思想性、艺术性、哲理性都极高，文化的力量是巨大的，世界名著对孩子形成了一种潜移默化的影响，打开了孩子兴趣的大门，能提高孩子的自身修养，丰富孩子的语言，增强孩子的眼界。

◆读书是开阔视野的重要途径

书籍是最具魅力的精神食粮，常言道“书籍是人类进步的阶梯”“读万卷书，行万里路”“读书破万卷，下笔如有神”。孩子如果能够在父母的耐心指导下，多读书，主动读书，培养出对读书的兴趣，对孩子是大有裨益的，也能为孩子世界观、人生观的形成，起到积极的作用。

多读书、常读书，对孩子智力的开发、习惯的培养、性格的养成，都有着非常重要的意义。

爱因斯坦的成功，与他从小就有刻苦读书的习惯是分不开的。

11岁时，他就读完了一套通俗科学读物，并对科学开始产生兴趣。

12岁时，他又自学了欧几里得几何。

13岁时就开始自学康德的哲学了。

他还根据自身的特点、志向和兴趣，把精力集中在物理学的学习上。结果他在物理学方面果然取得了重大成就。爱因斯坦在读书学习时不搞死记硬背，经常爱和同学在一起讨论，使他感受到互补的乐趣。

（明静，《人生健康百题》，有删改。）

读书是拿望远镜和显微镜看世界。因为书不受地域的限制,眼力的约束,可以让孩子站得更高,看得更广、更远,想得更深。读书必然伴随着对话,与作者的对话,与自己内心的对话,这种从外在到内心的通透的对话形式,常常让孩子产生新的体验,丰富自己的精神世界。读书能够使孩子不断增长智慧,在读书的过程中,会自然地联想到自己的生活和学习,书中的有些内容会对自己有提示和指引作用,能使人产生灵感。读书就像打开一扇窗,以此拓展孩子的视野,让孩子有了间接的经历和感受,让孩子正确地认识自然、认识社会、认识世界,并在这其中逐渐学会正确地认识自己、看待别人。

可见,读书是一种增长见识、开拓眼界、拓宽视野的好方法。父母在引导孩子读书时要注意以下几点。

1.父母要根据孩子的心理特点选好孩子爱看的书。孩子爱不爱看书,与父母的培养技巧很有关系。在孩子学习读书的初期,父母一定要对提供给孩子的书刊进行精心挑选,尽量给孩子提供一些印刷美观漂亮、内容丰富有趣、情节发展符合孩子想象和思维特点的图画书。

2.父母要给孩子一定的读书任务,但不宜干涉其读书的过程。好奇、好动、缺乏耐心和持久力是孩子普遍的特点。孩子喜欢的读书方式是一会儿翻翻这本,一会儿翻翻那本,对此,父母不必过多地去管他。只要孩子愿意把一本书拿在手上津津有味地翻看,父母就应该感到心满意足了。

3.父母要为孩子提供轻松自由自在的读书环境。父母除了需要对真正对孩子有害的书籍进行控制外,不应对孩子所读书刊的内容、类型和范围进行主观的约束和控制。孩子所读书刊的内容范围越广越好。读书是一种求知行为,也是一种享受。一般说来,大多数孩子对阅读的内容会根据自己的爱好和兴趣,带有倾向性的选择,对此,父母只需观察、了解和引导。美国图书馆学教师罗森韦格有一句名言:如果您想要孩子完全按照你的计划阅读,那注定不会长久。

4.父母要为孩子树立良好的读书榜样。父母要想让孩子看书学习,最好的方法就是和孩子一起看书,做孩子的读书榜样。同时,还可以经常与孩子在一起交流读书的方法和心得，鼓励孩子把书中的故事情节或具体内容复述出来，把自己的看法和观点讲出来，然后一起分析、讨论。久而久之，孩子就有读书的兴趣和习惯了，读书水平自然就提高了。

5.父母要常带孩子一起读书并提供读书的环境气氛。父母要想培养孩子读书的兴趣，就要尽可能带孩子逛书店、买书，向孩子讲述书中的故事情节和内容。经过长期的环境熏陶、耳濡目染，孩子自然就会产生对报刊、书籍的兴趣，把读书当作一种自觉的行动。一旦没有书读，就会感觉生活少了什么。如果孩子对读书有了依赖性，就会打开视野，丰富知识。

总之，让孩子养成读书的习惯，好处是很多的，可以说读书是一把开启智慧之门的钥匙，是开阔视野的重要途径。

◆常带着孩子"行走"

古人说"读万卷书，行万里路"。"读万卷书"强调的是涉猎多；"行万里路"强调的是游历广，是对已有知识的印证和体验。同样，"纸上得来终觉浅，绝知此事要躬行"，是说要想提高素养和获得学识必须要做事、去实践，是说既要多读书多思考，又要亲历躬行。

"行走"是让孩子在实践中学习和感受。行走既开阔人的眼界，让人获得很多实用的知识，也有利于把已有的知识和认识在实践中检验。著名教育家孔子非常重视实践在学习中的作用，并通过周游列国治国安邦来印证所学。李时珍、徐霞客、马可波罗、达尔文、哥伦布都是靠"行走"而获得大量信息，才写出了宏伟巨著或取得重大发现。可见，"行走"是多么重要。一般说来，有下面几个方面的好处。

1.“行走”让孩子重新获得感受。"行走"就是让孩子走出去亲自看一看，体验一下书中描述的情景，这样孩子的眼界才能打开，孩子才会自觉或不自觉地把书中的某种情景和感受拿到实际来加以比较。要么书中的描写与现实是一致的，要么与现实有偏差，这样会让孩子有新知识和新情感的收获，体现读书的效果。

2."行走"让孩子感知世界。城里的孩子，在春季和秋季，父母应当带领自己的孩子出去"春游"和"秋游"，让孩子感受春天的"百花盛开"和秋天的"硕果累累"。让孩子看看广阔的田野，就不至于把麦苗当韭菜，就不会不知道花生是从土里长出的，还是树上生长的。如有机会，带孩子参观工厂和工地。乡下的孩子，父母也要多带孩子进城看看走走，让孩子感受翻斗乐、轻轨、动物园、商城等。

3."行走"可以增强孩子随机应变的能力。行走就是不断地改变环境，而每个人的思想和行动都受到环境的影响和制约，经常换环境的人适应能力强，能够随机应变。如果能让孩子认识到外面的世界是那么美好，孩子就会有新的思想、更高的理想，就会产生更大的动力去实现自己的理想。

因此，父母要注意利用周末、节假日、寒暑假等一切可以利用的机会，带孩子出去行走，包括参观、游览等，寒暑假父母要尽可能带孩子去旅行或参与社会实践活动，在安全的情况下，也可以让孩子一个人跟团去旅行。

在带孩子去旅行或参与社会实践的活动中，父母应注意以下几点。

1.父母与孩子应该边走边谈。看到什么，就给孩子讲什么。要主动提问，培养孩子的思考能力。发现孩子对某些事物发生兴趣，就针对那些事物进行恰如其分的知识讲解。讲解时要注意知识的准确性。

2.父母在带孩子去旅行或参与社会实践活动前，应针对要看的景区和主要内容，事先做了解，阅读一些资料，做好知识上的准备。如果无从查找，也应依据说明牌讲解给孩子听。

3.父母除了带孩子游玩外，更重要的是让孩子学会观察。在旅行、参观时，父母既要让孩子接触新的景观、新的知识，还要引导孩子结交新的伙伴，体验新的生活，利用真景实物将抽象的教育变为形象的观察。

总之，"读万卷书"，是对知识学问的汲取，"行万里路"是实践的体悟。知行统一是孩子人生发展中的一大哲学。"读万卷书"是孩子需要的，"行万里路"更是不可缺失的。

◆培养孩子广泛的兴趣

兴趣是最好的老师。古人说:“知之者不如好之者,好之者不如乐之者。”这都是强调兴趣和爱好的重要。伟大的科学家爱因斯坦也说:“对一切人来说,只有热爱才是最好的老师。”

天真好奇是孩子的一种天性。孩子都具有强烈的好奇心,因为太想了解这个大千世界,所以孩子总会提出各种各样的问题。强烈的好奇心也是促使孩子学习的一种动力。因此,面对孩子提出的千奇百怪的问题,父母应该耐心地解答。如果父母愿意解答孩子提出的问题,那么孩子就会更愿意向父母提问。这样也能拉近父母和孩子之间的距离。

一个人一旦对某个事物有了浓厚的兴趣,就会主动去求知、去探索、去实践,并在求知、探索、实践中产生愉快的情绪和体验,所以,古今中外的教育家无不重视兴趣在智力开发中的作用。

那么,作为家长应该如何培养孩子的兴趣呢?

1.父母要培养和保护孩子的好奇心,引导孩子兴趣的形成。每个孩子在小的时候都有好奇心,什么都想知道,什么都要问,什么都要探个究竟,所以一定要让孩子的好奇心得到鼓励、强化,如若不然,过了这个阶段,孩子的兴趣就减少了。父母一定不能采取压制的态度,这样会让孩子成为“小大人”“小老人”。保护孩子的好奇心,满足孩子的愿望,是培养孩子兴趣、爱好和特长的准备阶段,做父母的不可忽视。

2.父母要与孩子共同活动,参与孩子的兴趣爱好。研究杰出人物的成长史,会发现他们的成功,有一个不容忽视的因素,就是他们有一位善于教育孩子的父亲或母亲。善于教育孩子的父母,应该创设与孩子共同活动的环境和机会,在共同活动中了解孩子的行为特征,洞察孩子的内心世界,还可以和孩子共同体验快乐,从而发现并培养孩子的兴趣爱好。父母要多陪伴孩子,留心孩子感兴趣的商品、书籍、景物等。此外,父母还要跟孩子一起写字、画画、读书,一起做家务等,孩子在与父母共同活动时,其兴趣和爱好便会清楚地表现出来。

3.父母要有教育的耐心,帮助孩子兴趣的养成。孩子对任何事物的兴趣都不是与生俱来,而是后天培养。父母对孩子兴趣的养成必须要有耐心,并且持之以恒。要有意识地注重孩子多方面能力的培养。要根据孩子的性格特征和爱好,让孩子参加一些有益的课外活动。孩子的可塑性是很强的,只要父母注重培养,有吃苦耐劳的精神,就一定会成功。

4.父母要征求孩子的意见,选择孩子感兴趣的东西。随着孩子年龄的增长,父母要征求孩子的意见,让孩子选择他所感兴趣的东西去学习,不能按照父母的意志强行要求孩子学什么。兴趣是最好的老师,孩子如果对某方面感兴趣,他就会主动去做。父母在对待孩子兴趣方面,不能简单对待,而应该掌握一套科学的、行之有效的方法,正确引导孩子,让孩子的潜能得到充分发挥。

5.父母要树立信心,帮助孩子建立持久的兴趣。孩子的兴趣往往表现出暂时性,具有不稳定的特性。在日常生活中,要时常注意孩子的兴趣,会随着时间的推移而有所改变。因为孩子毕竟年龄小,自觉性不强,更谈不上持之以恒,作为父母就不能一时心血来潮,时而管、时而不管,这样,不便于培养孩子的兴趣。对孩子的兴趣既不要提出过高的要求,也不要太着急,要着眼长远,慢慢来。看到孩子的一点一滴的进步,要及时鼓励,在适当的场合给孩子一个展示自我的机会,增强孩子的自信心。

6.父母要支持孩子阅读,促使孩子兴趣广泛。父母引导孩子爱读书是每个父母的责任,孩子一旦对读书产生了浓厚的兴趣,就会燃起求知的智慧之火,就会为孩子的成功铺设一条阳光道路。培养孩子读书兴趣,可以改变孩子的气质,也可以培养孩子高尚的心灵,作为父母都要竭尽全力去挖掘孩子的兴趣,为孩子营造一个好的氛围。

总之,父母应该培养孩子的兴趣爱好,开阔孩子的视野。父母要引导孩子在兴趣中探索和思考,在兴趣中获得科学知识,保持兴趣的长久性。